158.1
G-193v

Vivir en el alma

Vivir en el alma:
amar lo que es, amar lo que somos y amar a los que son

Joan Garriga Bacardí

ℜ|G rigden institut gestalt

Título original
Vivir en el alma: amar lo que es, amar lo que somos y amar a los que son

Primera edición en rústica
Mayo de 2011

Primera reimpresión en rústica
Febrero de 2013

Segunda reimpresión en rústica
Noviembre de 2013

© **Joan Garriga Bacardí**
© **Rigden Edit S.L.**

Diseño Gráfico
Bárbara Pardo

Ilustración de portada
Aram Garriga Ferrao

Impresión y encuadernación
Artes Gráficas COFÁS - Móstoles (Madrid)

Impreso en España

Depósito Legal
M. 32.600-2013

ISBN
978-84-937808-9-0

RIGDEN-INSTITUT GESTALT
Verdi, 92, planta 1.ª
08012 Barcelona
www.rigden-institutgestalt.com
e-mail: info@rigden-institutgestalt.com

**A Aram y Tomàs,
que me tienen siempre.**

Y también a Rita Lauelc, por su alegría.

ÍNDICE

V. Amar a todos los que son

VI. Vivir en la Gran Alma

Anexo. Sobre Psicoterapia y ayuda en el Alma

PRESENTACIÓN

Cuando a mediados de 2006 terminé *¿Dónde están las monedas? El cuento de nuestros padres*, publicado también por esta editorial, lo hice con las siguientes palabras:

«Finalmente, cuando miramos el fluir de la vida con ecuanimidad, los requerimientos del Alma para lograr la meta preciada de la paz interior son simples:

— Amar lo que es, la realidad tal como se manifiesta, aun cuando presente su cara terrible o furiosa. Así lo enseñan todas las tradiciones de sabiduría.

— Amar lo que somos, dejando de pretender ser diferentes, mejores o peores, respetando nuestros distintos rostros y los personajes que surgen según cambian los contextos, respetando nuestro cuerpo único y perfecto, respetando nuestros sentimientos tan necesarios y valiosos, sentimientos creados para ser sentidos y vividos, para dejarlos emerger y desaparecer, para dejarlos fluir, tal y como enseña la terapia Gestalt.

— Amar a todos los que son, es decir, a todos los compañeros humanos, pero en especial a los que nos conciernen de cerca: aquellos que forman parte de nuestra Alma familiar y que constituyen nuestro universo de lazos interpersonales y afectivos, como se hace obvio en el trabajo de Constelaciones Familiares.

Sobre los requerimientos del Alma, de vivir en el Alma, hablaremos en un próximo trabajo».

Bien, pues ese «próximo trabajo» es este libro. Y justamente habla de esos tres puntos: amar lo que es, amar lo que somos y amar a todos los que son. Su hipótesis de fondo se podría resumir con la siguiente frase de los evangelios: «El amor y la verdad os harán libres». Aunque aquí debo puntualizar que, para mí, la libertad esencial significa, por encima de todo, ser libres de nosotros mismos, de nuestro pequeño yo, alimentado por sus caprichosos deseos y temores.

Como verás, en su contenido aparecen, de forma más que explícita, la filosofía, teoría y actitud de la terapia Gestalt y de las Constelaciones Familiares, e incluso de la PNL (Programación Neurolingüística), que en mi opinión y en lo esencial no distan mucho de los mensajes principales que nos transmiten ciertas tradiciones espirituales y de sabiduría. Estas ideas son las que han sustentado mi práctica y desarrollo profesional durante muchos años, como también las enseñanzas integrativas y psicoespirituales de Claudio Naranjo, fuente constante de inspiración para mi vida, mis palabras y mi trabajo.

La semilla de este libro surgió cuando fui invitado como ponente al primer congreso internacional de Pedagogía Sistémica, en México, organizado por el Centro

Universitario Dr. Emilio Cárdenas. Titulé mi intervención allí *Darle la bienvenida a lo que es, a lo que somos y a los que son*. Posteriormente comenté la idea con colaboradores y alumnos durante las dos mañanas que dedicaron a escucharme y confrontarme con sus dudas, y a enriquecerme con sus aportaciones, cosa que les agradezco enormemente.

Luego lo dejé reposar para que fermentara, y más tarde se fue escribiendo a ratos, entre unas actividades y otras, y ahora está aquí y me alegro. A veces digo que tengo, al menos, dos amores: las personas y las palabras. Pero el primero es mayor que el segundo y trabajar con las personas, en grupos aquí y allá, aún me mueve con más fuerza que sentarme a escribir. Así que he escrito cuando he encontrado el tiempo, el deseo y las palabras adecuadas. Para hacerlo he tenido que embridar la mente y organizarla, pero también y sobre todo permanecer en contacto con mi centro y abrirme a mis profundidades, en las que, por momentos, parecía que uno callara para que alguien, misterioso, hablara.

Soy consciente de que algunos temas, algunas ideas, se repiten en distintos capítulos, se siembran en distintos terrenos, pero no me ha parecido que debiera agarrar la podadora y sanearlo. De hecho, me bastaría con que cada lector retuviera tres frases, de las muchas depositadas aquí y allá en el libro, y las incorporara, si las juzga valiosas, a su torrente sanguíneo, para que así le dieran fuerza en su vida.

Quiero advertir al lector/a que este no es un libro para inocentes ni para los excesivamente *jóvenes* (me refiero a aquellos que, tengan la edad que tengan, han permanecido a resguardo de la vida y han tomado pocos riesgos). Al contrario, es para aquellos que han experimentado en algún momento las inevitables inclemencias y contrariedades del vivir; para los que conocen el amor pero también el desamor, la alegría pero también la tristeza; para los que han tenido la suerte de cometer errores, equivocarse mucho o poco, sentirse culpables alguna vez y, sobre todo, ser *menos buenos* de lo que hubieran deseado. Y para los que tienen o han tenido dificultades, porque ellos sí han dado con lo «esencial humano», aquello que nos permite crecer y convertirnos en personas reales.

Ojalá este libro siembre semillas de amor y felicidad en muchas personas… Esta frase, que tintinea como címbalo budista en su más puro estilo vibrante de buenos deseos para todos, me lleva a dar las gracias a Laura Takahashi, ingeniera de profesión, budista de corazón, y editora para servir en nuestra tierna y entrañable editorial Rigden Institut Gestalt. Gracias, Laura, porque también eres tú la autora, sobre todo por tu crónico empeño en que el libro viera la luz, por haber confiado en mí bastante más que yo mismo y por haber tenido tanta paciencia con mis caprichosos y orgánicos ritmos.

Ojalá, como digo, este libro siembre semillas de amor y felicidad. Si así fuere, y si unas pocas enraizaran y llegaran a florecer (¡espero que justamente en ti!), habría valido la pena y me sentiría feliz.

¡Que *Vivir en el Alma* te llene de dulzura!

JOAN GARRIGA.

I
Sobre el bien y el mal

«El buen proceder no es difícil para quien no tiene preferencias; pero haz la más leve distinción y cielo e infierno se separarán infinitamente».

El libro de la nada.
Seng Can, tercer patriarca zen.

«¿Qué sabe el hombre del bien o del mal, de Dios, de la eternidad? Mejor haría en callar e ingresar en la compañía de los mudos».

Hakim Sanai. *El jardín amurallado de la verdad.*

«Nada es bueno ni malo, es el pensamiento el que lo hace así».

WILLIAM SHAKESPEARE

LA TRIVIALIZACIÓN DE LA PALABRA *ALMA*

Hoy en día *alma* es sólo una palabra comodín. Insinúa más que señala, evoca más que detalla o designa. Carece de una definición conceptual precisa, aunque es posible rastrear su historia y los contenidos que trata de denominar a través de la filosofía y la teología. Intuitivamente nos llega como algo bueno porque lo asociamos con aquello que tiene corazón, porque refleja lo profundo, lo sutil, lo bondadoso, lo compasivo. Lo que nos hace humanos, hermanados en el amor y el dolor, en la fuerza y la fragilidad.

Al no describir nada con una clara precisión conceptual, *alma* actúa como símbolo o metáfora o reflejo. Palabras como gracia, sabiduría, orden, armonía, conciencia, proyecto supremo, amor o espiritualidad (que no necesariamente religión) se le asocian espontáneamente. Todo y todos quieren tener *alma*: desde la poesía a las grandes empresas, desde las instituciones y organizaciones del tipo que sea hasta las producciones culturales, sociales y políticas.

Sí, es popular hoy la palabra *alma*, complemento quizá imprescindible de un mundo feroz y competitivo, tan poco comunitario y seco, rayano en el extremismo, la glorificación y la fascinación de lo individual. Nunca como ahora habíamos gozado (y al mismo tiempo sufrido) de sentirnos tan importantes como seres individuales. En las ricas sociedades modernas se desdibuja el sentido de lo colectivo y lo trascendente y las personas buscamos refugio en un sagrado norte autoreferencial: nuestro yo. Nos sentimos sin esfuerzo el centro del universo, y cuando las dificultades de la vida hacen acto de presencia tratamos de salvar el propio barco, el yo tan preciado, relegando a un lugar secundario el marco grande del nosotros y del destino común. Vivimos pues en el mito de la libertad individual.

Sin embargo, ¿no es cierto que aquello que habitualmente nos conmueve guarda relación con nuestros vínculos, con las personas que queremos, con lo que reside fuera de nosotros, con lo que logramos compartir, con lo que miramos y admiramos más allá de nuestra piel? ¿Acaso, en momentos cruciales, tal vez frente a reveses graves, pérdidas o enfermedades, no nos obliga la vida a sintonizarnos con sus propósitos misteriosos y a aceptarlos? La libertad y la voluntad individual quedan entonces en entredicho, en un mito bello, atrayente y juvenil que adolece de sentido real cuando se confronta, por ejemplo, con las fuerzas familiares o los caprichos del destino o los límites naturales de lo biológico.

En la experiencia de sentir y reconocer lo trascendente (literalmente lo que nos trasciende, lo que va más allá de nosotros mismos, lo que hace porosa y extensible nuestra piel) encontramos el tono del Alma. Y ante la grandeza de lo que no es yo y hace sinapsis con un tú o un él o un nosotros reconocemos su aroma. En el Alma, en su sentido profundo, quedamos vinculados y humildes.

EL PARAÍSO

Vamos a hablar, por tanto, del Alma (en mayúsculas, no del *alma* como idea manoseada e imprecisa) y de que significa llegar a vivir en ella. Pero previamente debemos reflexionar sobre los problemas de pensar en términos de Bien y de Mal, asunto tan enraizado en nuestra cultura. Y para hacerlo me parece necesario que nos remontemos a nuestros orígenes míticos. Es decir, al paraíso bíblico.

El libro del Génesis, que encabeza la Biblia, narra la creación de todo lo que existe, incluyendo a nuestros míticos primeros padres, Adán y Eva. Allí se describe el paraíso, en el que ellos viven, como un edén, un jardín de belleza inigualable del que mana todo aquello que necesitan. En hebreo la palabra «edén» tiene el sentido de placer o delicias, así que es fácil imaginar frutos, manjares, semillas, flores de todos los colores y aromas, manantiales de aguas frescas y cristalinas, árboles maravillosos, ríos frondosos, aves cantoras, animales al servicio de las necesidades del hombre, sombras alfombradas de verde, perfumes sin fin y una leve y constante brisa embriagadora.

En ese paraíso nada falta, todo nos es dado, reina la abundancia y la conformidad. Sólo existe la satisfacción, el leve discurrir de los días y un ánimo feliz y alegre. Adán y Eva, por lo que parece, están inmunizados ante cualquier sufrimiento, ya sea la enfermedad, el hambre o el paso del tiempo. Dios se muestra benevolente y amable: los ha fabricado a su imagen y semejanza, los ama y los cuida con primor. Además acepta un trato con ellos y les confiere un encargo importante, «llenar la tierra», dominando sobre los demás seres que la habitan y sirviéndose de todas las fuentes y recursos que ella les proporciona.

Mediante una acrobacia mental, podríamos trasladar esta descripción del paraíso bíblico a un momento del crecimiento de un ser humano: la vida instintiva y afortunada de los bebés y de los niños muy pequeños. En ella todo les es dado. Pueden vivir con levedad y alegría el discurrir de los días en un gozoso y excitante presente. Incluso cuando los conflictos o tragedias en la familia o el entorno son grandes y hacen mella en su cuerpo delicado, tensándolo o debilitándolo, en general están dotados y orientados al presente. Con toda su fragilidad, pero también con todo su instinto, la vida les llama imperativamente, como un canto irresistible. Apenas viven con preocupación ni anticipación. Están presentes. Su paraíso es vivir el presente.

Sin embargo, más allá de esta traslación, creo que debemos concebir este paraíso mítico del Génesis como una metáfora de otra cosa, como una fábula que pretende mostrar algo o indicar un camino, como veremos en seguida. Sería demasiado infantil e iluso pensar que el verdadero paraíso excluye el lado desafortunado y doloroso de la vida. Supondría un espejismo inocente pensar que la enfermedad, la muerte, la decadencia y otros hechos dolientes deban desterrarse del flujo de la vida para que resulte gozosa. Es más, ¿no serán precisamente estos hechos penosos los que conceden a la vida su sentido, el arco de vuelta que sostiene la vida como viaje con inicio, proceso y fin? La respuesta, claro, es sí: sólo la muerte apoya la vida, el quebranto sostiene a la dicha y la completa, mientras que la vejez es el retrato futuro en el que se enmarca la juventud.

No podemos hacer una elección parcial, no podemos decir quiero la juventud pero no la vejez, quiero la salud pero no la enfermedad. No es posible y no se trata de eso. Se trata de tomar entera la vida con todos sus rostros, pues los hechos se dan en igual medida en todas direcciones: nacemos igual que morimos, en un tránsito imparable donde la creación precede y sigue a la destrucción.

No, no podemos elegir. Inclinados, vivimos ante la inmensa paleta del gran pintor.

LA CONCIENCIA

¿Qué nos está señalando la metáfora del Edén? Yo creo que el descubrimiento principal que podemos hacer es que en el paraíso carecemos del órgano de la conciencia, ese que evalúa, compara y juzga la realidad, a nosotros mismos y a los demás, presidido por nuestras ideas sobre el bien y el mal. Me refiero aquí a la conciencia en un sentido moral, axiológico, a la portadora de nuestros valores y leyes, no a la consciencia en el sentido de darse cuenta, de poner atención o percatarnos de la realidad con los sentidos. Esta consciencia que espontáneamente pone atención y se percata de la realidad es de diferente índole a la conciencia moral y, cuando no la distorsionamos con nuestros tabúes perceptivos, se encuentra siempre activa, iluminando y percibiendo todo lo que la alcanza.

En el Edén no disponemos, por tanto, de capacidad de deliberación y diálogo interior, pues carecemos del órgano que hace distinciones morales y discrimina los asuntos, los comportamientos y las personas como buenos o malos en su esencia (falta la conciencia que piensa, evalúa, compara, discrimina, enjuicia, reflexiona). En un sentido extremo, ni siquiera contamos con una conciencia elemental que diferencie entre el yo y el tú, entre al adentro y el afuera. Somos, simplemente. Al faltarnos el órgano evaluador no existe la muerte como trágica desgracia, por ejemplo, porque no existe la reflexión sobre la muerte como buena o mala, como bella o como horrible. No existe el dolor como experiencia indeseable, aunque le duela al cuerpo, porque sólo es una experiencia más que no se evalúa como positiva o negativa. No existe la miseria, porque no hay más que vivencia de lo que hay, y nadie puede pensar que es poco o mucho. Muerte, decadencia, dolor, hambre o tristeza no son más que experiencias en nada diferentes de otras como vida, coraje, ternura o alegría, pero al no poder ser pensadas son únicamente vividas. Este es el paraíso: vivir la vida en lugar de pensarla, sumergirse en ella en lugar de conceptualizarla, entregarse a su flujo en lugar de tratar de detenerla. Vivencias en estado puro: se viven y pasan, sin pretender agarrarlas para el futuro. El mensaje adicional es que en el paraíso no existe el tiempo más allá del ahora, del instante puro y luminoso.

Cuando Adán y Eva comen del árbol del conocimiento del bien y del mal son expulsados del paraíso y pierden la inocencia. Empieza a crecer en ellos el diálogo interior, se desarrolla la conciencia de sí mismos y la evaluación de las cosas. Con el yo que piensa y juzga les crecen extrañas emociones hasta entonces desconocidas, como el miedo, la vergüenza, el deseo, la esperanza, la angustia, la culpa o el temor de Dios (que tal vez sea el temor a la vida, por haberse separado de ella). En suma, los principales colores del sufrimiento humano, cuya paleta básica es el dicotómico bien/mal. Y en la caída, el órgano que hace distinciones y valoraciones morales va creando su propia cárcel, hecha de conceptos, juicios, pensamientos y directrices. La conciencia construye gruesos muros para que vivan dentro de ellos.

Perdemos la conexión con el paraíso cuando perdemos la relación directa con la vida y surge el concepto de nosotros mismos como entes autónomos y separados, emergiendo la idea de un yo soberano e independiente que se enseñorea sobre la vida a través del pensamiento y la reflexión. Es cierto que en un cierto nivel necesitamos pensar la realidad, necesitamos pensamientos operativos para maniobrar en el mundo, para organizarnos y cuidar de nuestra supervivencia. Pero en otro nivel esos pensamientos construyen un laberinto que nos aprisiona con nuestras exigencias, principios e imágenes mentales. El prisionero es nuestro ser esencial, que va quedando confinado en un estrecho corredor vital.

En el paraíso se vive en pura contemplación activa y pura vivencia de las cosas tal como son, en comunión con los demás y en armonía con la Naturaleza. En el paraíso no existe la reflexión de si los frutos de este árbol son más o menos sabrosos que los de aquel, de si esta hierba es más verde que aquella, de si esta flor es más hermosa que la otra, de si esta sensación física es agradable o desagradable. No existe un yo que lo diga, que trate de crear un universo con sus palabras. Se siente el dolor igual que la alegría, se siente lo agradable igual que lo desagradable. Por supuesto, el organismo se orienta según la preferencia de lo agradable y tiene sus inclinaciones, pero se trata de categorías funcionales, no morales ni verdaderas.

El paraíso absoluto se nos hace presente cuando podemos vivir directamente en la realidad, sin relacionarnos con ella a través de la intermediación del órgano de la conciencia del bien y del mal que evalúa constantemente la realidad. Cuando no está disponible, o no se encuentra desarrollado, o se ha domesticado y purificado la función de este órgano de la conciencia, que actúa de intermediario entre la persona y la realidad. Cuando la realidad no es interpretada, o teorizada, aunque sea favorablemente, ya que lo favorable hace sinapsis con lo desfavorable, que le seguirá.

Se sabe que el bienestar no depende tanto de los hechos en sí mismos como de una actitud. Ya lo decía Epícteto: «No son los hechos los que nos inquietan, sino nuestras opiniones y vivencias de los mismos». La clave está en nuestra manera de vivir la realidad, en tratar de no complicarla con problemas que son fruto de nuestras interpretaciones y no de los hechos en sí mismos. Los problemas vienen de nuestro talento para complicar la simplicidad de los hechos, de nuestra dificultad para aceptarlos y tomarlos tal como son, aprovechándolos de este modo.

Lo que cuenta es aceptar que todo tiene su lugar bajo el sol, como luego se menciona en el Eclesiastés, uno de los libros del Antiguo Testamento, haciendo referencia al libre juego de los opuestos que se completan en la unidad. En el paraíso no hay comparación, sólo el estricto vivir. Prevalece la mirada del niño absorto en la realidad, en pura observación y pura curiosidad, en puro ver sin distracción, sin consideraciones de ningún tipo, sin apropiación ni rechazo de nada, sintonizado con la fuente y el misterio.

UN NUEVO PARADIGMA

Así pues, estamos fuera del paraíso y hemos desarrollado una cosa nueva que se llama conciencia del bien y del mal.

Bert Hellinger, creador de las Constelaciones Familiares y gran conocedor de las leyes que gobiernan las relaciones humanas, afirma que la conciencia personal que discrimina entre el bien y el mal, entre lo correcto y lo incorrecto, entre lo que se debe hacer y lo que no, en realidad tiene poco que ver con cualquier verdad ética intrínseca, sino que es estricta conciencia infantil. Eso es, la conciencia del niño que se alinea con su deseo mamífero de amor y de pertenencia al grupo del que forma parte. Esta conciencia permanece activa todo el tiempo y lo hace a través de dos sensaciones básicas: inocencia, es decir, sentirnos en sintonía con lo que nos hace pertenecientes a nuestro grupo, lo que se experimenta como agradable y correcto; y culpabilidad, es decir actuar en contra de lo que se espera en nuestro grupo y arriesgarse a ser excluido de él, lo que se vive como algo desagradable, peligroso e incorrecto.

La conciencia funciona como un viejo instrumento musical familiar que despliega su particular eco en el pensamiento de cada persona. Y se mantiene naturalmente afinado con el objetivo de estar sensible a las leyes y los límites que le garantizarán seguir formando parte de su grupo y sobrevivir y crecer dentro de él, regulando su comportamiento.

En todos los grupos, ya sean sociales, gremiales, de empresa, de amigos, profesionales, terapéuticos, etc. percibimos que hay códigos y reglas, explícitas algunas, implícitas otras. Instintivamente tratamos de respetarlas, pues de lo contrario nos sentimos mal. Estamos sometidos a una conciencia ciega que milita a favor de los códigos del grupo al que pertenecemos. Por eso no guarda relación con ninguna verdad esencial o moral. Es apasionada y estrecha. Simplemente sirve al grupo y es una conciencia gregaria.

También es limitada porque no provee crecimiento más allá de los estrechos márgenes del propio grupo. Por ejemplo, los grupos enfrentados pueden odiarse y eliminarse mutuamente con la conciencia tranquila y feliz, plenamente inocentes, y con inmejorables argumentos y justificaciones a su favor. Un judío puede llegar a odiar a un palestino y desear su muerte, o incluso matarlo, y sentirse bien, justo e inocente con ello, y un palestino exactamente lo mismo con un judío. En este plano, todos actúan como niños.

Un niño de ocho años puede ver en las noticias asuntos de guerras que alcanza a comprender vagamente: atentados, fuegos, guerrillas, muerte, devastación, sufrimiento, luchas, iraquíes por un lado, americanos por otro. Le golpea el dolor y la desesperación, cuando no el absurdo de algunas imágenes. La pregunta que, con toda naturalidad, surge es: «Papá, Mamá, ¿quiénes son los buenos?». El padre o la madre, ecuánimes, deseosos de educar bien a su hijo, contestan algo así: «Mira, es muy difícil decir quiénes son los buenos y quiénes son los malos. Si les preguntas a los de un bando te dirán que ellos son los buenos, pero si les preguntas a los del otro bando te dirán exactamente lo mismo. Cada parte se ve como buena a sí misma y como mala a la otra. El resultado es que se hacen daño mutuo y todos pierden de alguna manera. Y eso es lo terrible». Pero el hijo, nada convencido, volverá a preguntar: «Vale, pero ¿quiénes son los buenos?».

Esto me hace pensar en ciertos gobernantes, algunos incluso reconocidos como líderes mundiales, que se sienten seguros señalando con el dedo acusador a los *malos* y lanzando contra ellos poderosos ejércitos con el objetivo de restaurar el supuesto bien que creen encarnar. En realidad son como niños. Podemos sentir compasión por el niño pequeño que llevan dentro y que trata de calmarse con certezas imposibles, que le mantienen como niño amoroso con los suyos pero ciego con la hermandad esencial de todos los seres humanos. Pues el crecimiento crucial es reconocerse en lo diferente o lo opuesto, e incluso asumirse como igual e idéntico a aquello odiado.

En general los niños viven mal la incertidumbre, necesitan saber hacia dónde dirigir su pasión, su simpatía y su antipatía. Y en este universo es donde, en cierto modo, quedamos atrapados y dejamos de desarrollarnos. Ahí somos estrictamente mamíferos. Insisto en la idea: desarrollarse es ir más allá de esta conciencia estrecha y limitada.

Al desarrollarnos, las personas aprendemos la borrosidad de nuestros conceptos sobre el bien y el mal, y nos volvemos más relativos y flexibles. La grandeza humana y la verdadera compasión no vienen de sentirnos buenos, sino de sabernos malos e imperfectos y amarnos y amar con ello. Es a través de lo imperfecto como nos igualamos con los demás. Por el contrario, quienes se sienten mejores o más justos que los demás siembran como consecuencia inevitable una cierta violencia. En el fondo, todo maltrato interpersonal crece de una semilla muy simple: alguien que en su fuero interno o externo dice «soy mejor o peor que tú». El escenario en el que fermenta la violencia requiere bailar una danza en la que unos interpretan el papel de perseguidores (soy mejor que tú), otros el de víctimas (soy peor que tú) y otros el de supuestos salvadores (soy mejor que ambos). Juegos que sólo desembocan en sufrimiento.

Y es que todo sufrimiento humano tiene su raíz en una distinción no funcional entre el bien y el mal. Todos llevamos incorporado de una manera automática una especie de barómetro, a menudo inconsciente, que reacciona ante los asuntos de la vida con dos posiciones básicas: bueno o malo, correcto o incorrecto, con toda una escala de matices e intensidades. Ante lo que consideramos como bueno sentimos nuestro derecho a apreciarlo y ante lo que consideramos como malo nuestro derecho a rechazarlo.

Este modo de funcionar es tan universal y común que parece obvio e indiscutible. Tan inyectado se halla en los pilares de nuestra cultura que lo confundimos con nuestro ser real y ni siquiera nos planteamos si existe una alternativa. Y eso a pesar de que es el responsable de las peores atrocidades de nuestra historia.

Por eso es importante entender que todo rechazo significa falta de amor, y donde falta el amor se siembra invariablemente la semilla del malestar y el sufrimiento. En un sentido amplio, no hay alternativa al sufrimiento sin cuestionar la matriz básica del paradigma en el que vivimos: el de un mundo dividido entre el bien y el mal.

Dicho de otro modo, el sufrimiento es siempre una falta amorosa hacia algo o hacia alguien o hacia nosotros mismos. Por ejemplo, algunas personas aprenden a considerar como bueno a uno de sus padres y como malo al otro, siempre con razones que parecen justificadas por su experiencia, o bien aprenden a mirar con buenos ojos algunos aspectos de su personalidad y estar en franca oposición con otros, siempre también con buenos argumentos. O incluso algunos dicen que los hombres son mejores que las mujeres o al revés, o que juventud es mejor que ancianidad o al revés, y mil etcéteras. Y siempre también con razones que parecen indiscutibles a la luz de su historia personal y de las experiencias que les ha tocado vivir. Vemos que su corazón está escindido, gobernado por la parcialidad, y apuestan por la parte que les resulta razonable, más fácil y menos dolorosa. Por lo demás, está claro que cualquier sufrimiento se encuentra siempre adornado con bellas y razonables razones y argumentos que lo justifican. En dichas razones encuentra su pasaporte, su alimento y su cobijo.

En realidad, detrás o al lado de cualquier problema

grave, se presente como se presente, siempre podríamos seguir la huella de a qué o a quién estamos rechazando, a qué o a quién no podemos dar un buen lugar en nuestro corazón, a qué o a quién no conseguimos apreciar o respetar. Es simple y sólo requiere valentía para enfrentar las verdades del corazón y cuestionar las de la conciencia.

En definitiva, estas distinciones entre bien y mal, mejor o peor, más o menos, cuando no son funcionales sino morales o apasionadas conducen al sufrimiento, porque un corazón que excluye sufre. Ya lo decía San Agustín: «Ama y haz lo que quieras», en alusión a que el amor abre las puertas de la libertad.

Como veremos con detalle más adelante, hace falta un nuevo paradigma basado en el amor, es decir, en apreciar y respetar lo que es tal como es. Apreciar lo que soy, lo que eres y lo que es. Porque aquello que no somos capaces de amar nos generará algún tipo de perturbación o sufrimiento.

En la filosofía del Buda también se enseña que el sufrimiento se supera cuando dejamos de tomarnos tan en serio nuestros deseos y rechazos, cuando vivimos sin tanta apropiación ni expulsión. Cuando, en definitiva, podemos vislumbrar nuestra naturaleza esencial y vivir unidos a nuestro centro espiritual.

QUERER SER COMO DIOSES

Por tanto, tenemos que Adán y Eva viven en el paraíso hasta que sucumben a la tentación de querer ser como dioses. Entonces les nace la conciencia moral y empiezan a poner etiquetas aquí y allá que rezan «bueno» o «malo». Y desarrollan un yo. Un gran Yo que pretende tomar el poder de la vida. He aquí el problema: divinizar el yo, querer suplantar a Dios.

Las personas sabias y humildes, que no pretenden ser como dioses sino que experimentan la sintonía con lo divino, son espontáneamente buenas y respetuosas porque viven entregadas a la fuerza mayor que gobierna el vivir. Se muestran contentas y comprensivas con las posibilidades y límites que encierra la vida, partícipes del conocimiento de que no hay personas mejores y personas peores, sabedoras de que morirán y al mismo tiempo amigas de la muerte, que las espera al final para cerrar el círculo que en su momento se abrió.

En el fondo saben que Dios significa «las cosas como son». Son humildes. Están libres de la idea de un Dios que asemeja un padre bueno o malo. Libres de un Dios con el que tener trato personal, como si de esta forma pudieran obtener favores o librarse de la desgracia o el castigo. De un Dios con quién se pueden entablar negociaciones y ofrecerle sacrificios a cambio de prebendas, o penitencias a cambio de perdones. Son, en definitiva, ajenos a las atribuciones antropomórficas de Dios, que vienen del narcisismo y el temor humanos y lo convierten en misericordioso o amenazante.

Todos los días acontecen millones de hechos. El universo no deja de moverse jamás. Muchos nacen, otros muchos mueren, algunos enferman, otros empuñan sus machetes, algunos se enamoran tocados por la dicha del amor, a otros se les rompe el corazón. Y no sabemos *quién* lo ha determinado. En el paraíso «se suceden los sucesos», «ocurren las ocurrencias», y se asiente a todo ello. O mejor, no se hace nada porque el asentimiento es natural, inevitable. ¿Acaso hay mayor grandeza que asentir a lo que es, a lo que ha sido y a lo que será? ¿Hay mayor grandeza que el reconocimiento de la grandeza fuera de nosotros mismos? ¿Hay mayor grandeza que la de ver la grandeza en todo? Quizá porque nada la tiene, quizás porque todo sea absolutamente común, descansando en su ser ordinario.

Sin embargo, los que aspiran a ser como dioses no confían más que en su propia grandeza y la convierten en su apuesta existencial. Pretenden adueñarse de la realidad y fabricarla a la medida de sus consideraciones personales. A menudo se erigen en portavoces de lo correcto, de lo bueno, y tratan de convertirlo en verdad para todos y para siempre. Intentan descansar en el conocimiento del bien y del mal, en el buen acierto de sus elecciones. Con su propia grandeza confían en hacer más fáciles los retos de la vida, a la que temen, y sentirse más protegidos.

Y así, queriendo ser como dioses, paradójicamente, se alejan de Dios. Pierden la confianza en lo imprevisible, sorprendente y plural que la vida traza. Y quieren lo imposible: permanecer en la orilla y a salvo cuando el guión de toda vida es saltar al río, nadar con fuerza y luego entregarse a la potestad del río, de sus meandros y sus silencios, pero también de sus rápidos y sus turbulencias.

A estos se les reconoce porque son apasionados y les interesa más la virtud que la vida, las buenas razones más que los buenos amigos. También porque no soportan no saber y, sobre todo, no saber explicar. Piensan que todo debe ser explicable, comprensible y manejable, y de esta manera calman aparentemente sus temores. «Inshah Allah», proclaman continuamente los devotos musulmanes. «¡Hágase tu voluntad!», exclaman los fieles cristianos. «Hágase la mía», dicen ellos.

LA CAÍDA. EL CONOCIMIENTO DEL BIEN Y DEL MAL

La expulsión del jardín de las delicias es el justo castigo por pretender ser como dioses y querer tener la llave de las puertas del bien y del mal. En el mito bíblico se presenta como una elección posible ante la cual Eva resuelve comer del manzano, pero en la vida parece inevitable morder la manzana y, con ello, decir adiós a la era de los deleites, ver cómo nos crece un yo y quedar atrapados en las fauces de nuestra cultura egoica, desarrollando una conciencia evaluativa y moral.

Esa expulsión simboliza el tránsito de un paradigma ecológico, comunal y humilde a un paradigma egoico, individual y soberbio. Es el paso del vivir y el sentir al pensar. Es el precio que pagamos cuando en lugar de pertenecer a la vida nos levantamos como supuestos dueños soberanos y decidimos que ella nos pertenece. Decir adiós al paraíso significa relacionarse con la vida a través de la intermediación del pensamiento; significa abrirse camino a través de los propios códigos acerca de lo correcto y lo incorrecto. Supone apartarse de la naturaleza que actúa para buscar refugio en los juicios y pasar de la sabiduría instintiva al *cerebralismo*.

Dios exclama enojado: «Pariréis a vuestros hijos con

dolor». Y «viniendo del polvo al polvo regresaréis». Y «ganaréis el pan con el sudor de vuestra frente». O sea, Dios anuncia a Adán y Eva, a la humanidad entera, que ahora no sólo tendrán conciencia de sí mismos como seres autónomos y separados, con lo que también tendrán conciencia del dolor, sino que además vivirán en el tiempo. Quedan expulsados del eterno presente y expuestos al ritmo del tiempo, que avanza inexorable hacia la muerte, de cuya certidumbre quedan informados a través de la conciencia que piensa, que puede representar la realidad, que la puede anticipar y reflexionar. Ahora en su mente pueden imaginar y representar su fin. Ahora, ellos que conocían la belleza en exclusiva de «lo que es», pueden ver en sus pantallas mentales imágenes de «lo que tal vez será o no será», pueden fantasear, sometidos a la presión de lo incierto, y temer su propia muerte.

En su afán de ser como dioses quedan atrapados en la conciencia moral, discriminando lo bueno de lo malo, y en el constante ruido interno de su pensamiento, que todo lo cavila y evalúa. Sus ojos ya no miran lo que tienen enfrente, sino sus propios pensamientos, siempre descoloridos y limitados con respecto a la realidad.

Justo lo que nos hace estrictamente humanos, nuestra capacidad para pensar y reflexionar, nuestra inteligencia, nuestra conciencia del tiempo, también nos condena al sufrimiento, ya que nos aleja de la vida y de su regulación instintiva, natural, espontánea. Y vamos viviendo, en un diálogo continuo entre nuestra voluntad y la voluntad de la vida.

¿ES ÚTIL EL PENSAMIENTO?

Seng-Ts´an, tercer patriarca de la Escuela Chan, origen de la Escuela Zen, nos regalo una misteriosa frase: «Apártate de todo pensamiento y no habrá lugar al que no puedas ir». Significa algo así como que los pensamientos son la materia prima de nuestras limitaciones, porque nos seducen con tanta fuerza que los tomamos por la realidad y nos alejan de nuestro ser esencial. Pensemos un poco sobre los pensamientos.

Movido por el afán de conocer nuestro laberinto interior, he fantaseado en alguna ocasión con la idea de disponer de un aparato capaz de registrar toda la actividad mental de un ser humano a lo largo de una jornada completa cualquiera, incluyendo, por supuesto, la noche y el mundo de los sueños. Imaginemos que eso fuera posible y que pudiéramos tener constancia del chorro de imágenes, diálogos, palabras, frases, reflexiones, comprensiones, evaluaciones, etc. que discurren por nuestra mente en un día. Lo primero que nos llamaría la atención sería que nuestros pensamientos emergen, la mayor parte del tiempo, con independencia de nuestra voluntad y guía. Constataríamos que la mente fabrica a mansalva toda suerte de *productos*, y muchos de ellos no entendemos por qué ni para qué.

El pensamiento es como un carrusel inagotable que se alimenta de su propia inercia infinita. Y crea mundos y derrama continuos caleidoscopios de formas, sin meta y sin función (al menos que sepamos). A ratos parece domesticada y razonable, pero otros es absolutamente creativa e impredecible, ruidosa, florida, barroca, llena de todas las voces y todos los rostros y todos los tiempos.

Aunque, a un cierto nivel, nos sentimos dueños de nuestra mente, en realidad no la gobernamos. Si miráramos lo que la mente ha fabricado en una jornada, veríamos que no somos libres de pensar lo que queremos. Los pensamientos se inyectan en nuestro torrente sanguíneo mental sin que tengamos apenas control. A veces logramos enfocar algún asunto y nos orientamos sobre algo. Entonces, por un rato, estamos centrados y creemos que conducimos la nave.

Si analizáramos el contenido de esa supuesta grabación, estoy convencido de que descubriríamos que al menos un 50% de las producciones pensantes son mero ruido, sin norte ni dirección, ruido que intoxica nuestra necesidad de silencio interior al mismo tiempo que nos protege de él, pues también le tememos. Sentimos miedo de nuestra nada interior y, extrañamente, de la felicidad que emana de ella cuando caemos en su atmósfera.

Del 50% restante, al menos un 30% estaría compuesto de materia mental especializada en discutir con la realidad, lo que da como resultado angustia y sentimientos que tensan el cuerpo. Su objetivo es tener razón y demostrar que las cosas deberían de ser de modo distinto a como son. Es pensamiento que se aparta de lo que es para empecinarse en lo que debería ser. Este 30% está regido por nuestra pequeña identidad, nuestro yo, y se fertiliza con sus anhelos y sus angustias, sus esperanzas y sus consecuentes desesperanzas. Su diálogo interno es del tipo quejoso («no me miro con suficiente afecto») o dogmático («no debería sonreír») o fracasado («ya decía yo que no iba a funcionar») o víctima («si no me hubieran despedido otro gallo cantaría») o exigente («si me ama me pondrá por encima de todo») o vengativo («van a saber lo que duele») o perfeccionista («no debería tener tos, o estar enfermo, o tener los padres que tengo»), etc. Este 30% niega, cuestiona, exige, debate, lucha contra la realidad, con las cosas como son, y siempre pierde por goleada (por lo general enfermando).

¿Y el 20% de pensamiento restante? Ese sería el pensamiento útil y funcional, el que está al servicio de la acción, el que nos lleva a hacer algo real y nos hace sentir bien, a nosotros y a los demás. Los pensamientos útiles están al servicio de la vida. La fecundan, la protegen, la respetan, la mejoran cuando pueden. No pierden el tiempo en vanos tormentos: proveen de agua real a los camellos reales para atravesar caminos reales que nos llevan a oasis reales. Crean.

Las buenas ideas acarician la realidad, aderezan los pasos de nuestros propósitos, nos conducen hacia lo bueno y respetan los propósitos de los demás. Para el pensamiento útil no hay personas ni hecho indignos. Es ecológico, guarda armonía con las proporciones de las relaciones humanas y nos hace responsables, procurando la dignidad, la convivencia y el bienestar para todos.

El pensamiento útil viene de un corazón cálido y apunta al bienestar de la vida.

Tenemos, por tanto, 20% de pensamientos que podríamos considerar «positivos». Aún así, el pensamiento más bello es aquel que empieza a no parecerlo y se sienta a la puerta del Ser a esperar, porque ya lo intuye y lo anhela. Cuando se nos concede gozar de pequeños silencios en nuestro incansable oleaje de pensamientos, podemos apreciar el aroma de lo absoluto.

LLEGAR A SER NADIE

Como digo, nos pasamos el tiempo creando un universo de filias y fobias, de temores y de fervores, de amores y de odios. Lo hacemos mediante tres herramientas principales: la evaluación, la comparación y el juicio, y fabricamos su decorado necesario con toda la gama de emociones y pasiones humanas: envidia, celos, miedo, pesar, tristeza, reclamo, exigencia, enfado, resentimiento, culpa, vergüenza, victoria, esperanza, etc. ¿Quién lo hace? Nuestro *ego*, nuestro carácter, aquel que creemos ser.

Como seres individuales solemos edificar una torre de refugio desde la que observar la vida y el transcurrir de las cosas. Desde allí miramos el mundo y lo sombreamos o iluminamos con nuestras ideas acerca de cómo deben ser las cosas para asegurarnos de que sean como deben ser, y entonces alegrarnos, o sufrir cuando no es así. Es humano, por supuesto: ¡qué gozo cuando las cosas son como deseamos y qué pena cuando nos traen frustración y nos contrarían! Es el vaivén de la vida. Pero este modo de funcionar es pequeño y limitado, demasiado dependiente de los caprichos de la vida. Es la fuente del sufrimiento, lo que nos enferma y nos aleja del asentamiento en la Gran Inteligencia. En lugar de mirar la belleza intrínseca de todas las formas de la vida nos horrorizamos ante algunas o nos embelesamos ante otras. El tirano, también llamago *ego*, vive adentro. ¿No es el *ego* la mayor de las cárceles, la esclavitud más velada y más querida, la que menos estamos dispuestos a cuestionar? Pues resulta que, como veremos, ser libres significa serlo de nosotros mismos.

Por supuesto es difícil escapar de ese lugar que diferencia entre bien y mal. Es lo que nos toca como seres humanos, mientras no despertemos. La buena noticia es que el mismo instrumento que nos aleja del paraíso, o sea, la conciencia que trocea el mundo con su bisturí conceptual, puede desarrollarse y madurar, y llegar a avisarnos de nuestra caída. Y no sólo eso, sino también de la evitabilidad de nuestra angustia y nuestra separación de la vida natural. Cuando esto sucede, cuando recibimos ese *aviso*, se dispara la primera flecha hacia nuestro despertar.

Tengo la sospecha de que la propia conciencia incluye en sí misma la función de desenmascarar lo conceptual y verlo como lo que es: una ilusión, una falsedad y un límite. La atención hacia la conciencia que diferencia y construye conceptos es lo que permite cuestionarlos y, tal vez, ponerles fin. La conciencia, percibiéndose a sí misma, puede potencialmente atisbar que sus intentos por crear un mundo propio a través de un sinfín de imágenes mentales le impide encontrar el mundo real. Pues sólo un yo que alcanza su plena fuerza es capaz de desnudarse, de sostener el tormento de que vayan muriendo los personajes con los que se había identificado y recorrer el verdadero camino espiritual: llegar a ser nadie.

Es como si empleáramos la primera mitad de la vida (en un sentido metafórico, no de tiempo real) en ascender a lo alto de una montaña, en ganar y conquistar lo deseado, aquello que es importante para nosotros, y que al final de esa etapa llegáramos a clavar con poderío la bandera del conquistador triunfante y gritar a los cuatro vientos: «¡Yo existo!». A lo cual el universo contestaría: «Vale, y a mí qué. Eso no significa nada». Entonces unos pocos, los más audaces y capaces de desnudarse para indagar en las profundas verdades, escucharían esa ocurrente respuesta y dedicarían la segunda *mitad* de la vida a descender de la montaña. Aquí vendrían los desprendimientos, las pérdidas, la liberación del peso de la mochila, las despedidas y los adioses. Porque al final todo aquello que tenemos lo perdemos, todo aquello que creemos ser se desvanece. En la última y definitiva puerta nos soltamos a nosotros mismos, soltamos nuestra propia vida. Y con suerte devolvemos agradecidos el préstamo de vida que la Vida nos concedió.

Porque la meta del yo es desvanecerse, disolverse en las aguas del dulce olvido, al igual que la del cuerpo. Algunos lo pueden vivir y reconocer mientras aún permanecen en vida. Entonces ya no gritan al universo «¡Yo existo!». Simplemente, guiados por una profunda sabiduría que les hace felices, se susurran a sí mismos: «Yo no existo en realidad, pero la vida canta en mí durante un tiempo».

PROGRESAR ES VOLVER AL ORIGEN

Hace muchos años encontré en el libro *Aproximación al origen*, de Salvador Pániker, esta idea de que progresar es, en primer lugar, una aventura del yo, pero cuando el yo ya se ha hecho sólido y ha cristalizado, el verdadero progreso es el regreso. Después de un tiempo en que la conciencia crea un yo con el que trata de abrirse camino en el mundo, que consigue riqueza o seguridad o justicia o poder o amor o belleza o estatus o fama, o lo que fuere que anhelaba, vuelve al origen.

¿Por qué es importante progresar a través de la involucración y las realizaciones en el mundo? Pues para descubrir de cerca que en verdad ciertas cosas y ciertas pasiones no importan tanto, que no llenan, y desanimarnos por ello: la riqueza no disipa las dudas sobre el propio valor, la seguridad no libera de incertidumbres, la justicia no aligera el sentido de lo injusto, las pasiones no alimentan el regocijo que el corazón necesita, el poder no calma el ansia, el estatus y el reconocimiento no liberan de la insignificancia, etc. Arriesgando en la vida nos hemos hecho fuertes, pero la sed sigue viva. Agotamos el mundo, nos aventuramos, apuramos la copa de nuestro particular viaje a Ítaca en busca de lo sagrado, creyendo encontrarlo en cualquier reflejo dorado, para descubrir al final que Ítaca nos dio únicamente un viaje, como nos enseña Kavafis, y que su verdadera meta era el regreso a la casa que siempre aguardó intacta en nuestro interior.

Cuando el yo queda colmado en su propia fuerza, exhausto de su periplo, progresar significa regresar, recuperar el latido del profundo silencio en nuestro interior. La conciencia personal se rinde a sus limitaciones y añora la gran conciencia, la gran inteligencia que va más allá. Y descubrimos que la tierra prometida es en realidad el paraíso perdido, que nunca nos abandonó por completo.

Y ya no vivimos en nosotros mismos, sino que somos vividos por la vida. La vida deja de pertenecernos porque hemos depuesto la presidencia del yo y algo más grande nos ha tomado a su servicio. Entonces nos volvemos espontáneamente benévolos y amorosos, y sensibles al sufrimiento y a la belleza del mundo. Pura presencia en el mundo. Nítida conformidad y complacencia con la realidad.

Thich Nhat Hanh lo expresa del siguiente modo, bello y asombroso:

«Mi alegría es como la primavera, tan cálida
que hace florecer las flores de la Tierra entera.
Mi dolor es como un río de lágrimas,
tan vasto que llena los cuatro océanos».

No he practicado mucho el peregrinaje espiritual, en el sentido de caminar en busca de grandes maestros, pero sí lo suficiente como para reconocer en alguno de ellos una cierta o completa libertad de sí mismos, lo cual es, en mi opinión, la libertad suprema. Un ejemplo es Amma, la maestra hindú conocida porque en su *sadhana*, su práctica espiritual, abraza durante horas a las personas que se le acercan devotamente buscando confortación para su ánimo. ¡Parece tan libre de sí misma y al mismo tiempo tan llena de algo más grande que la inunda de amor y de un silencio infinito! Se diría que en su mente no hay evaluación, ni murmuración, ni distinciones, ni calificaciones. Realmente es como si hubiera conseguido ser nadie, oponerse a nada, encarnar el *atman*. Ser únicamente presencia, una mirada dirigida a un mundo hermoso y perfecto tal como es. ¡Qué gran libertad!

¡Ojalá seamos todos cada día un poco más libres de nosotros mismos!

II
El alma

«He aquí mi secreto -dijo el zorro-, es muy simple: no se ve bien sino con el corazón. Lo esencial es invisible a los ojos».

ANTOINE DE SAINT-EXUPÉRY

«La tierra es mi patria, la humanidad, mi familia».

KHALIL GIBRAN

PERO ¿QUÉ ES EL ALMA?

Desde el principio del libro hablamos de vivir en el Alma, pero ¿qué es en realidad el Alma?

El Alma, tal como la entiendo aquí, no tiene que ver con un supuesto espectro imaginario invisible y personal que habita el cuerpo de cada persona y le sobrevive cuando muere, como es común considerar en la tradición teológica cristiana y en el pensamiento dualista occidental. Esta no es mi idea de Alma. Yo la concibo como una inmensa red de resonancias que se caracteriza por un principio unitivo que nos conecta a los demás, y muy especialmente a aquellos con quienes estamos vinculados en lo sanguíneo y lo afectivo, o en nuestro destino particular. Creo que todos pertenecemos al Alma, que nadamos en ella como en nuestro líquido elemento.

Más adelante hablaré con detalle del Alma Gregaria (o Alma Arcaica) y de la Gran Alma. A la primera estamos abocados por ser mamíferos, relacionales y necesitados. A la segunda porque no llegamos a comprender completamente el misterio y lo último que la vida nos sugiere y exige. Es lo que nos une al gran misterio de la vida y de la muerte, a una fuerza trascendente, a una conciencia mayor.

En ambos casos yo las veo como campos de resonancia a los que estamos expuestos. Vivimos y flotamos en ellos, en su atmósfera.

En el libro del Génesis se recurre a una poderosa imagen acerca del acto creativo: la materia (o el cuerpo humano fabricado con barro, el polvo de la tierra) es «animada» por el soplo del Creador, que insufla aire en sus fosas nasales y la convierte en ser vivo. Sin duda, se sugiere que la vida que solemos considerar estricta propiedad privada viene de un préstamo, del aliento vital suministrado por el Creador.

Los griegos distinguían, al referirse al Alma, entre Pneuma y Psique. La primera era el nexo con el espíritu creador, la segunda con el mundo material. Pneuma refiere al elemento aéreo que gestionan los pulmones en un rítmico y vital inhalar y exhalar. De hecho, se trata de una experiencia compartida por muchas personas el sentir el aliento y la respiración como la proveedora del ánimo o energía vital, a través del cual notamos la conexión con el principio creador, con el manantial siempre presente, esencial y perenne de la vida (como, por otra parte, sugieren las meditaciones centradas en la observación del flujo respiratorio).

Desde esta óptica, la idea de un alma personal sería sólo el reflejo del principio creador que se asienta en todo lo creado, pensado y nombrado, siendo todos los seres humanos beneficiarios de honor. Así que al nombrar el alma como personal la sentimos como representante y presencia de lo que va más allá de lo individual y nos hermana con lo común y también con lo grande. Resistimos la tentación de apropiarnos del alma como atributo personal y, en cambio, la experimentamos como reflejo del gran manantial, del espíritu creador.

En general, se asocia el espíritu con lo diurno y expansivo, con el soplo insuflado que da la vida, con el creador que todo lo siembra y lo piensa. En este sentido, Descartes definía el espíritu como «una cosa pensante». El alma en la tradición cristiana, por el contrario, tiene algo de nocturno, inmaterial y subliminal, como una entidad sombreada que enlaza a los seres humanos con sus orígenes y con su final, con lo previo a su existencia y lo posterior a la misma. En esta visión, el alma nadaría en la potencialidad de Dios, y luego, una vez encarnada en la persona concreta, regresaría, con su muerte, al hogar divino, o bien a la purga y expiación de sus errores.

En mi opinión, la idea de un alma cristiana personal, expuesta a la salvación o la condenación a través de una extraña y azarosa moral humana, hecha de culpa y virtud, de bien y mal, de cielo e infierno, debilita y asusta a los hombres en lugar de hacerlos confiados en su propia naturaleza.

EL ALMA COMO CAMPOS DE RESONANCIA

No considero el Alma como un asunto personal o individual. No es algo de nuestra propiedad ni un atributo de identidad. Más bien se trata de un campo de resonancias en el que todo está conectado con todo y todos estamos conectados con todos. Lo que importa es la red y sus sinapsis, no estrictamente los miembros: ni Pedro ni María ni Luis, sino un universo que conecta y nos conecta, con independencia de nuestra identidad personal.

En el Alma se desdibujan un poco los límites de nuestro yo para conformar nuestra participación en algo más grande. Es como una gran sinapsis con todos los demás seres vivientes y con todo el universo percibido y pensado. En ella, se desvanece por completo la soledad.

¿Qué hay más allá del yo? El tú, el nosotros, el grupo, la familia, la tribu, la ciudad, el país, el planeta, el espíritu. Es decir, todo lo que trasciende lo personal. En este sentido no estamos separados del Alma, sino inevitablemente inmersos en Ella. Resonamos con todos sus campos, ya sea la pareja, la familia, las amistades, la profesión, la organización, los grupos a los que pertenecemos, la comunidad o el país.

La poesía del sufismo, vía de conocimiento y comunión con la conciencia universal a través de la liberación del yo y sus miserias, nos lo muestra con esta pequeña perla:

>«Llamé a la puerta.
>Y me preguntaron: ¿Quién es?
>Contesté: Soy yo.
>La puerta no se abrió.
>Llamé de nuevo a la puerta.
>Otra vez la misma pregunta: ¿Quién es?
>Contesté: Soy yo.
>Y la puerta no se abrió.
>Otra vez llamé.
>Y de nuevo me preguntaron: ¿Quién es?
>Contesté: Soy tú.
>Y la puerta se abrió.»

Me gusta imaginar que aún hay otra respuesta que abre la puerta: «Soy Ella». Es decir, la esencia del yo, del tú, de todos, del todo, la que no tiene rostro ni forma. La que nos iguala y aúna. San Agustín lo formula con exquisita belleza y sobriedad en términos de la mística cristiana cuando dice «Dios es más yo que yo mismo».

EL ALMA COMO ESPACIO
DE INFORMACIÓN

Así que no sólo tenemos una mente personal, sino que participamos de una mente grupal, de un campo de conciencia grupal, de un espacio de resonancias donde estamos interconectados.

Todos hemos visto esas bandadas de pájaros en las que, de repente, el grupo gira en la misma dirección y a continuación, sincrónicamente, vira a otra. Y casi todos nos hemos preguntado: «¿Cómo lo hacen? ¿Existe un miembro del grupo que actúa como *jefe* y da una orden para que los otros la sigan? ¿De dónde surge la decisión, si realmente la hay? ¿Quién o qué o cómo se transmite la información?».

La respuesta se escapa a la comprensión racional común, organizada según un modelo de causa-efecto, de estímulo-respuesta, de orden-obediencia. También se zafa de la noción general del tiempo como algo secuencial, que camina de atrás hacia delante, y de la visión de las relaciones interpersonales como meros vectores de comunicación e información lineales.

Aunque no tengo la respuesta, me atrevería a proponer una hipótesis un poco audaz: esa información, la que hace que todos los pájaros giren al unísono, se encuentra en un campo, flotando en su atmósfera de alguna manera, y carece de tiempos pasados y futuros porque los engloba a todos en el momento presente. Este campo reúne toda la información sobre qué debe hacer el grupo y cada uno de sus miembros a cada momento.

En general, este campo grupal o sistémico se rige por la presión de lo acostumbrado, de las formas de vida conocidas. Dispone de una conciencia de lealtad a lo anterior. Apunta hacia el futuro las flechas del pasado, como intento de repetición de lo anterior y lo esperable. Por suerte, algunas flechas tuercen su destino y aciertan en nuevas formas de vida, es decir, acaban siendo generativas. En el campo, cada presente contiene todo el pasado, desplegándose en el futuro en una infatigable noria que trata de repetirse en sus semejanzas, pero que se *equivoca* de vez en cuando. A estos errores afortunados contribuye sin duda la apertura de corazón y de conciencia de las personas.

Rupert Sheldrake, biólogo, filósofo y autor británico, lo explica con su concepto de los «campos morfogenéticos», afirmando que la memoria y la información se encuentran en el campo y no en los individuos. Cada campo genera formas de vida que tienden a repetirse una y otra vez por la presión de lo anterior para que lo actual se le asemeje.

Esta es la razón por la que a veces es tan difícil conseguir cambios en las personas o en los grupos: viven la presión de la tradición con una fuerza que va más allá de lo inconsciente y que parece insertada en lo biológico. Por eso, ciertas soluciones a problemas que se repiten en los sistemas o en las personas hay que buscarlas en la apertura a lo creativo y nuevo. Las personas y las culturas se enriquecen al rozarse con lo diferente, crecen y desarrollan flexibilidad, apertura y tolerancia. Lo diferente, lo ajeno, nos procura crecimiento cuando es incorporado.

En resumidas cuentas, podemos muy bien formular la idea de que tal vez somos partícipes de una mente común, de un campo de resonancias donde todos estamos ligados a los demás, especialmente en los espacios afectivos y familiares, y que esta mente común y gregaria tiene reglas de juego y formas de funcionar que siguen su lógica incluso más allá de los deseos o voluntades personales de sus miembros. Ese campo de resonancias *fabrica* movimientos que no podemos dejar de danzar.

Hay muchos indicios de que esto es así. Se ha hecho célebre, por ejemplo, el llamado «efecto mariposa», formulado por el meteorólogo Lorenz: «Si una mariposa agita hoy con su aleteo el aire de Pekín puede modificar los sistemas climáticos de Nueva York el mes que viene», es su frase más conocida, que alude con claridad a la conexión e interdependencia en esta inmensa red en la que se despliega la vida. Igualmente, los investigadores de la nueva física han acuñado el término «entonglamiento» para referirse a la peculiar y misteriosa conexión entre dos partículas atómicas, de manera que si alguna vez han estado en contacto quedan afectadas mutuamente y para siempre en su destino e información, aunque se encuentren en extremos opuestos de la galaxia. Quedan vinculadas de tal manera que si una de ellas recibe un impacto informativo o experimenta un cambio, éste es experimentado por la otra partícula al mismo tiempo.

Otro ejemplo peculiar: cada vez que tomas aire inhalas tantas partículas microscópicas que, si cada una de ellas fuera un grano de arena, podrías cubrir con ellas toda la superficie de los Estados Unidos de América hasta una altura de... ¡27 metros! Esto significa que cada vez que respiras inhalas moléculas que tal vez fueron inhaladas en su momento por Jesucristo, Buda, Beethoven, Dickens o Séneca, o por otros miles de millones de seres humanos.

No cuesta inferir de estos ejemplos la idea de una realidad subatómica que contiene circuitos de realidad y de comprensión que desbordan la lógica racional, fundada en la apreciación simple de los sentidos. Esa lógica que nos dicta que la información se transmite por procedimientos verbales o no verbales, o sea corporales. ¿Y si no fuera únicamente así? ¿Y si la información estuviera en todas partes? ¿Y si sólo necesitáramos flexibilizar nuestras ideas sobre la percepción para sintonizarnos con un mundo más rico y vasto?

Más aún: ¿No será acaso lo invisible lo que dirige nuestra percepción? ¿No será lo invisible aquello que escribe el texto de lo que podemos ver?

EL ALMA GREGARIA (O ALMA ARCAICA)

Yendo un poco más lejos, yo distinguiría entre dos tipos de Alma: el Alma Gregaria (o Arcaica) y la Gran Alma. La primera es un campo de resonancia recorrido por una fuerza que nos orienta y exige cuando nos sentimos implicados en un grupo humano. En ella, el yo existe, pero a la postre se inclina ante el nosotros. Es decir, la persona toma sentido en el marco de los sistemas a los que pertenece.

El Alma Arcaica es el alma mamífera. Por el hecho de ser humanos mamíferos somos necesitados y dependientes y, en consecuencia, criaturas sociales y gregarias. Estamos regidos por nuestras relaciones, por aquello que nos vincula a los demás y por el sentimiento de insertación y pertenencia a nuestros grupos: la familia (original o formada), las parejas, los amigos, los entornos profesionales, culturales, religiosos, deportivos, políticos, gremiales, tribales, raciales, etc.

Cada familia, grupo y comunidad se encuentra torneada con sus visibles o invisibles tablas de la ley, con sus costumbres, códigos y reglas, que ha ido acuñando a lo largo de una historia de fuerza y de dolor, de hambre y de abundancia, de avances y retrocesos, de ternura y de lucha por sobrevivir. Esta conciencia dicta lo que es adecuado o inadecuado, lo que es bueno y consonante o malo y disonante, lo que se debe hacer, decir o pensar y lo que no. Opera como conciencia moral aunque no guarde ninguna relación con cualquier verdad ética absoluta o intrínseca que pudiéramos imaginar. Sirve únicamente al propósito de cumplir con lo adecuado que nos asegure la pertenencia a la comunidad de referencia: a la de los judíos o los católicos o los musulmanes o los psicoanalistas o los conductistas o los orfebres o los músicos.

En esta Alma Gregaria dominan los sentimientos, las pasiones, los apegos ciegos y viscerales, y el anhelo de ser buenos, leales e inocentes, esto es, de actuar en línea con los valores, costumbres y reglas del grupo para asegurarnos su amor, para cerciorarnos una y otra vez de que el grupo nos sigue acogiendo y tenemos un lugar en él.

Lo personal y biográfico de cada uno se dibuja con las experiencias compartidas, los sucesos acaecidos en la historia de nuestra vida mezclados con el legado de nuestro linaje: las batallas libradas por la supervivencia, las delicias de los amores vividos, las miserias y ruindades sufridas o infligidas, las culpas y abusos, la gloria y los logros, las frustraciones y pérdidas, las traiciones, los sacrificios, la solidaridad, los ritos, las relaciones entre los sexos, los nacimientos, las alegrías y las muertes. Todo aquello donde la vida avanzó o se quebró, todo lugar donde se extendió el amor hacia la vida o se vio obligado a recular ante las punzadas del dolor. En el Alma Gregaria la historia personal de los miembros se escribe a fuego en la intersección constante con la historia del colectivo, unido por los vínculos de la sangre o del destino. Pura visión sistémica.

Probablemente el instinto más poderoso que existe sea el gregario. El gran terror de los humanos es el rechazo, la exclusión, un destino terrible que es vivido en el corazón frágil de las personas como peor que la misma muerte. De alguna manera, es a través de los otros y de las relaciones como nuestra vida cobra su verdadera fuerza y relieve. En el contacto con los demás fermenta la savia de la vida.

Nuestra inserción en los grupos, especialmente el familiar, es tan fuerte que nos hace sensibles a todos los sucesos y vivencias del sistema, tanto los actuales como los históricos, especialmente los que no se cerraron en paz y aceptación. Cuando un nuevo miembro llega y se inserta en el sistema familiar (ya sea vía nacimiento, adopción, emparejamiento u otros sucesos vinculantes que veremos más adelante) se expone a la historia, formas, necesidades y destino del colectivo, entrando inevitablemente a su servicio. Así que sus vivencias personales quedarán coloreadas por las sutilezas de su inserción en el grupo, su historia y los asuntos pendientes que éste tiene por resolver.

Nuestra manera de vivir y ponernos ante el mundo (como hijos grandes o niñitos o hiperresponsables o cuidadores o seductores o pasotas o críticos o sacrificados o jueces o mil etcéteras) tiene mucho que ver con la posición que ocupamos en nuestro sistema familiar, que no es una elección consciente por nuestra parte ni una asignación consciente por parte del grupo. Simplemente se da, ocurre. La enorme bandada que es nuestra familia determina sus peculiares movimientos y dibuja en sus miembros las acrobacias oportunas.

Estas ideas están bien recogidas en la teoría de sistemas y en las terapias sistémicas en general, especialmente las que toman en consideración el aspecto transgeneracional. La presuposición de fondo es simple: es tan fuerte la presión y los avatares de los contextos humanos en que vivimos que al mirarlos y comprender nuestra interacción con los mismos podemos entender la naturaleza de nuestros problemas y comprendernos mejor. Y al generar cambios en el sistema o en las formas de relación de sus miembros o en la perspectiva de los asuntos comunes abrimos soluciones y resultan cambios en nuestras vivencias y conductas personales.

Cuando en mayo del 1999 Bert Hellinger nos visitó en Barcelona para presentarnos su trabajo, utilizó profusamente el término Alma. Y la primera pregunta que le hice fue: «¿Qué es el Alma?». La respuesta, que no anoté y que cito según recuerdo libre, fue: «El Alma es una fuerza que une y dirige el destino de las personas que se encuentran inmersas en ella, y lo hace siguiendo e imponiendo ciertas leyes que traen felicidad cuando son respetadas y desdicha cuando son transgredidas». Estas leyes serían los Órdenes del Amor, tal como los formula Hellinger, de los que hablaré más adelante. Cuando se cumplen entre personas que están vinculadas y resonantes en el Alma, traen como potencial que el amor se logre y se extienda entre ellas, deviniendo en bienestar y crecimiento.

Desde luego, si extendemos esta teoría con todas sus implicaciones ponemos en cuestión el mito tan popular de la libertad individual y de la importancia personal. Pues, ¿somos tan libres y únicos como creemos?

LA GRAN ALMA

Por otra parte encontramos la Gran Alma, un campo de resonancia mayor recorrido por la fuerza y la sabiduría de los grandes e incognoscibles poderes del vivir, como la sexualidad o la muerte, que nos orienta, conduce y exige en sintonía con lo grande y lo extenso. En ella el yo dialoga, es afectado y a la postre se inclina ante el Todo.

Al igual que pertenecemos al Alma Gregaria, formamos parte de la Gran Alma, pero en ésta sopla el espíritu que calma y dulcifica todas las pasiones mamíferas, ya sean amorosas o dolorosas.

La Gran Alma es una fuerza que trasciende nuestras identidades personales. En ella somos vividos por la vida, en lugar de vivirla. En ella el yo se desvanece. La mayoría de tradiciones espirituales y de sabiduría coinciden en la idea de que la raíz de todos los males consiste en creer que aquello que habitualmente designamos como yo es una entidad real y verdadera. Alimentamos esta convicción falaz mediante nuestro continuo flujo de pensamientos, sentimientos y sensaciones corpóreas, que nos generan la apariencia de que existimos establemente y nos seducen para construir una identidad basada en ella.

Nuestra pequeña identidad personal está organizada alrededor de preferencias y aversiones que, en su aspecto problemático, hunden sus raíces en la conciencia de lo que se considera bueno o malo. A medida que cuestionamos como real nuestra pequeña identidad personal también se va relativizando nuestra estrecha conciencia moral. Entonces nuestra mirada ya no discute acerca de la bondad o maldad de los hechos, sino que dirige espontáneamente una profunda reverencia ante lo que es, ante la grandeza de lo que nos supera y es misterioso.

Al ir suspendiendo los juicios, que siempre vienen del pequeño yo, se hace sitio el silencio y, consecuentemente, el amor. Ya que el amor, el amor grande, viene del silencio y no evalúa, sólo acoge. El amor es básicamente apreciación y conformidad profunda con la naturaleza de las cosas tal como son, tal como suceden, y de las personas como son y como actúan. El amor grande es contemplativo.

En el Gran Alma, por tanto, no existen el bien y el mal como entes verdaderos ni los opuestos como enemigos irreconciliables, sino la vida en su despliegue multicolor, en su increíble caleidoscopio de formas, algunas dulces, otras crueles, otras aburridas, otras solemnes. En su seno no hay preferencias, ni pasiones ni aversiones. Sólo hay ser, no inclinaciones; tampoco hay tiempo ni finitud. En ella todo es inmortal, infinito, como un presente constante inundado en su belleza.

Logramos sintonizarnos con el Gran Alma a través de la rendición personal. La experimentamos cuando deponemos nuestro sentido de importancia personal, cuando decae el predominio de nuestras ideas acerca de quiénes somos y el poder se desplaza más allá del yo. Entonces esa Gran Alma nos toma en sus brazos y nos reconocemos como hacedores de sus planes.

La puerta de acceso a la Gran Alma franquea el paso a los valientes y los humildes, que no se oponen al poder de la vida, sino que se alinean con él. Son los que se aventuran en el reto audaz de la aceptación incondicional de lo que se manifiesta. Así poseen la grandeza y la fuerza de saber a veces renunciar a sí mismos para pasar a ser discípulos de la realidad, sus genuinos aprendices y no sus opositores. En sus obras y acciones manifiestan un supremo y sencillo *sí* a la realidad tal como se manifiesta, una incondicional adhesión a lo que es. Lo cual les anuncia la oportunidad de una vida más plena, pues no hay mayor magisterio que el de los hechos ni mayor prueba en la vida que la de integrarlos y convertirlos en nutrientes, sean los que sean. Su viaje interior está jalonado de síes, que afirman la existencia tal como es, al precio de deponer la insistencia en los deseos y posiciones personales cuando ya han sido extensamente explorados. El yo se va muriendo, cansado de que sus apuestas estratégicas (el poder, la fama, el dinero, la justicia, la belleza, la verdad, la lucha, etc.) no produzcan el beneficio esperado de dotar de sentido al vivir.

Cuando, como azúcares en grandes océanos, se diluyen las apuestas personales que habían creado el espejismo de darnos el sentido que nos faltaba, justo cuando nos quedamos desnudos y vacíos, surge el sentido. Ahí, paradójicamente, recuperamos la plenitud. La Gran Alma es la gracia que abunda cuando nos vamos vaciando de nosotros mismos.

El sabio sufí Rumi utiliza la metáfora de la casa como equivalente de la falsa personalidad, y los cimientos que quedan a la vista cuando es derribada como la verdadera esencia de cada uno. Sin duda, la casa nos protege, pero cuando lentamente se cae y experimentamos el dolor de su destrucción descubrimos con sorpresa que en sus cimientos, en su vacío, reside el tesoro de nuestro ser, siempre brillante, vibrante y alegre.

Durante muchos años tuve un cartel en mi escritorio que rezaba así: «Sólo poseemos aquello que no podemos perder en un naufragio». Me pregunté a menudo si aquella frase se refería a nuestros bienes materiales, a nuestras cualidades o talentos, a nuestro cuerpo, a nuestra vida. Ahora sé que aquella frase es cierta y que «aquello que no podemos perder en un naufragio» es... ¡nada! Poseemos nada. Y saberlo es nuestro gran tesoro.

LOS ATRIBUTOS DE LA GRAN ALMA

Los atributos de la Gran Alma se pueden formular de una manera muy simple. Son inevitables y aunque a veces en el camino nos alejemos un tiempo de ellos la vida se encarga de hacerlos emerger en los momentos cruciales. Son tres:

1. Asentimiento y servicio a la vida

Como seres humanos gozamos de conciencia, somos una extraña clase de mamíferos con capacidad de desdoblamiento, de ser nuestros propios testigos, de observarnos. Podemos dibujar nuestros pensamientos, proyectarnos en un tiempo futuro o revisarnos en un tiempo pasado, incluso podemos tratar de cambiarnos. Somos mamíferos autorreferenciales.

Esto nos ha permitido creer que nuestro yo es el centro del universo, hasta el punto de que se ha popularizado la idea omnipotente de que cada persona crea la realidad con sus pensamientos. Se dice con grandes eslóganes en el mundo del conocimiento postmoderno: la realidad no existe, cada persona construye su realidad de una manera subjetiva. Y esto es cierto, pero sólo en parte. Es obvio que lo que pensamos y nuestra actitud ante la vida determina nuestras vivencias, y, por tanto, nuestro bienestar o malestar. Es verdad que cada uno puede construir con sus pensamientos un cielo o un infierno, y se sabe que quien piensa en soluciones las atrae con más facilidad que quien piensa en problemas. Sin embargo, no somos los únicos dueños de nuestra vida. A lo sumo cuidamos la vida que se nos ha dado y tratamos de gobernarla y conducirla por los cauces para los que estamos dotados. Podemos elegir cómo reaccionar ante los hechos de la vida, pero es ilusorio creer que la moldeamos según nuestros pequeños deseos personales. Nuestra vida no nos pertenece, pertenece al flujo continuado de la existencia. Ni la hemos creado ni la podemos destruir. Se creó y se terminará según una ley que así lo quiere. Nadie elige vivir y tampoco morir.

Por tanto, no somos los dueños sino los servidores de la vida. Todo sufrimiento es un grito que niega este hecho. Por el contrario, cualquier desarrollo se inclina ante lo que es y permite que actúe en su misterio. En la Gran Alma no existe la negación, sólo el *Sí*, y esto expresa un amor natural a todo lo existente.

2. Silencio

El silencio acalla todas las voces y formas del vivir, y al mismo tiempo las abarca, llenándolas de dulzura y del brillo de la existencia.

En la Gran Alma no hay distinciones y el lenguaje calla, ya que todo decir o todo pensar usa las palabras, el sonido y las imágenes. El misterio de la Gran Alma emerge donde el silencio se consolida. Como enseña el Buda, en el pequeño intersticio entre dos pensamientos hallamos el Ser, advertimos nuestra verdadera naturaleza. En el vacío, en el silencio, el Gran Alma florece. Es algo parecido a un cielo limpio y despejado que constantemente es llenado por pesadas nubes, que simbolizan las innumerables formas que la vida crea. Las nubes pasan, pero el cielo permanece impoluto, inalterado.

Hacer distinciones y comparaciones, abrir y reconocer diferencias en el universo, es la puerta de entrada al conocimiento funcional, necesario para el ordenamiento práctico del vivir. Lo malo es cuando este conocimiento gana preponderancia y trata de ocupar todo el espacio mental. Entonces se convierte en carcelero, aprisionando el recuerdo de quiénes somos en esencia, de nuestra verdadera naturaleza.

¿Acaso el «conócete a ti mismo» del oráculo de Delfos se refiere a conocer nuestros rasgos de personalidad, nuestro repertorio de conceptos, discursos y conductas, o más bien se refiere a aquello que es inasible en la forma e inalterado, al Ser desnudo, despojado de contornos? ¿El oráculo apunta a las formas, a la esencia o a ambas?

3. Alegría

Sostener una mirada más amorosa y abierta a lo que es, aceptarlo y apreciarlo, nos permite conectamos con un estado natural de contento. Se trata de la simple alegría porque sí, sin motivo. La felicidad porque sí. ·

Hay dos tipos de alegría, la alegría por algo y la alegría por nada. La primera tiene que ver con el ganar, con lo que conseguimos y logramos. Es maravillosa y nos expande. La segunda, en cambio, es la cosecha después de haber perdido, después de haber sufrido los tormentos del desprendimiento de lo que fue importante y la vida nos quitó. Viene después de la aceptación del vacío y la conformidad que nos quedan al final de una pérdida. Es libre, risueña, espontánea, silenciosa o alborozada, y sobre todo contemplativa. No nos expande sólo a nosotros, sino a los demás y a todo aquello que encuentra a su paso. Realza la belleza de los otros y de la vida.

San Agustín lo expresó de forma certera: «La felicidad consiste en el proceso de tomar con alegría lo que la vida nos da (esta es la felicidad por algo, la del ganar, que nos expande) y soltar con la misma alegría lo que la vida nos quita (esta es la felicidad por nada y expande a la vida y a los demás; es una felicidad espiritual)».

Por tanto la felicidad es el resultado de una ecuación que combina dos variables. La primera consiste en empeñarse, arriesgarse y apostar por la vida con todas nuestras fuerzas siguiendo la dirección de lo que nos mueve, de lo que nos importa, de la consecución de nuestros sueños y deseos. Esta es la alegría de expandirse a través de los logros y las realizaciones. La otra variable tiene que ver con nuestra capacidad para sintonizar y navegar con los propósitos de la vida, aunque no encajen con nuestros deseos personales. Entonces le abrimos la puerta al invitado de honor que es la vida tal como actúa y se manifiesta y es. Esta es alegría de volver a ser desnudos como niños, con independencia de como nos va y de como son las cosas. Pues en el trasfondo de todo yace una sonrisa inalterable, también en el trasfondo de cada uno, en el puro centro de nuestro pecho.

En definitiva, por un lado somos mamíferos y apegados, necesitamos el amor y los vínculos. En este sentido estamos unidos en el Alma Gregaria. Por otro lado pertenecemos a la Gran Alma, que nos abarca y nos trasciende. En ella la alegría es natural, por nada; en ella todo está iluminado. Incluso las penumbras resplandecen. En la Gran Alma, el mamífero que somos encuentra refugio para su sufrimiento. En ella la vida canta imperturbable sus alabanzas, incluso en medio del dolor, o a través del dolor. Somos mamíferos y somos iluminados, y ambas cosas al mismo tiempo. Somos el cuerpo de la vida sometido a sus vaivenes emocionales pero también somos la luz que fecunda a este cuerpo. Somos el descenso vertiginoso, que a veces nos aterra, hacia el valle del morir, pero al mismo tiempo somos la nada luminosa que con la muerte reencontramos y que tal vez no hemos llegado a olvidar por completo.

III
Amar lo que es

«El Señor es mi pastor, nada me falta; en verdes praderas me hace reposar, me conduce hacia las aguas del remanso y conforta mi alma; aunque vaya por un valle tenebroso, no tengo miedo a nada, porque tú estás conmigo, tu voz y tu cayado me sostienen».

Libro de los Salmos. Salmo 23.

«Los astutos animales advierten ya que no estamos muy confiados, y como en casa en el mundo interpretado».

RILKE. *Elegías de Duino.* 1ª Elegía.

LA GRAN FELICIDAD

Ahora ya tenemos más claro lo que es el Alma, pero ¿qué significa vivir en el alma? De entrada, amar lo que es, lo que quiere decir amar la realidad y la vida tal como son, incluyendo, por supuesto, tanto lo amable como lo difícil. Cuando lo logramos, o al menos cuando trabajamos para que se dé, estamos más cerca de encontrarnos en paz y alegría.

Existe la idea de la pequeña felicidad, aquella no permanente, que solemos experimentar cuando nuestros deseos se cumplen y nuestros temores se alejan. Es alegre, entusiasta, pero dura poco. Existe otra felicidad, la grande, la sin motivo, la porque sí, más estable y no dependiente del vaivén de la vida. Es la que experimentamos cuando permanecemos en sintonía amorosa con la realidad tal como es, cuando logramos aceptarla y tomar lo que nos trae, sea lo que sea, en provecho y beneficio de la vida y de nuestra vida. Por supuesto, esto no siempre es fácil, y suele requerir de un proceso jalonado de intensos retos y tránsitos emocionales, con avances y retrocesos en el camino, sobre todo cuando se producen contrariedades, duelos y pérdidas.

Por tanto, «amar lo que es» nos invita a aprovechar los vientos cambiantes de la realidad para la buena navegación de nuestra barca existencial. Lo cual es además inteligente, pues ¿cuál es el efecto cuando nos empecinamos en avanzar en sentido opuesto a la dirección del viento, o cuando nos enojamos por unas horas (o días) de calma chicha en el gran océano, o nos enfurecemos o entristecemos por la saña de la tormenta que parece apartarnos del destino que nos habíamos trazado? Pues que perdemos absurdamente parte de nuestra vitalidad. La oposición a la realidad, que siempre es el momento presente, nos debilita. Y provoca que se esfume nuestra sonrisa del fondo de la conciencia y nos atrape un amargo rictus. ¿Por qué es tan importante la sonrisa? Porque nos hace felices y celebra la vida tal como es, porque sí, sin más. Cuando nos visita lo difícil, el desamor, las pérdidas, las tragedias, nuestra sonrisa queda entre paréntesis por un tiempo. Entonces enfrentamos la proeza interior de lo que supone «amar lo que es» y conectarnos con nuestro ser profundo. Si después de recorrer ese laberinto emocional encontramos la salida, palpamos el trofeo y saboreamos el fruto de un viaje que desemboca de nuevo en la sonrisa esencial.

Penas, enfados, vergüenzas, culpas, angustias, negaciones, deseos de destruir o de destruirse, retos a la muerte o al destino, sacrificios, etc. constituyen huéspedes emocionales que pueden alojarse en nosotros durante el recorrido por el laberinto. Debemos aceptarlos hasta que, en su tramo final, el proceso se complete en el dolor, al que nos rendimos. Un dolor que nos vuelve humildes y reverentes ante la realidad. Abrirse plenamente al dolor es el último movimiento que precede a la expansión súbita de la sonrisa natural que preside la vida. Aunque pueda parecer un contrasentido, vemos que en el dolor se asienta la alegría de vivir, que las personas genuinamente alegres no han estado exentas de tragedias, y que pudieron superarlas con sentido. «Lo que no nos destruye nos hace más fuertes», dijo Nietzsche.

LA DICHA Y EL YO

Descubrir el camino que nos hace dichosos y tener el valor de recorrerlo es crucial para todos. De este modo lo expresa el Dalai Lama: «Considero que el propósito de la vida es ser felices. Desde el momento en que nacemos, todos los seres deseamos ser felices y no queremos sufrir. Ni los condicionantes sociales, ni la ideología, ni la educación modifican esto. Desde lo más hondo de nuestro ser queremos encontrar satisfacción. Está claro que los seres humanos que habitamos esta tierra nos enfrentamos a la tarea de construir una vida feliz. En consecuencia, es importante descubrir qué es lo que trae los mayores niveles de felicidad».

Todos queremos ser felices, estar bien, encontrarnos a salvo de lo que nos provoca sufrimiento. Para ello, como ya hemos explicado, aquel al que llamamos yo utiliza una brújula muy rudimentaria: la que distingue agrado de desagrado, fervor de rechazo, atracción de repulsión, bueno de malo. Nos acercamos y unimos a aquello que nos gusta y nos alejamos de lo que nos disgusta. Así, mientras ocurre lo que deseamos estamos bien, y cuando sucede lo que no deseamos, cuando no hemos podido evitarlo y ocurre al fin, estamos mal. Resultado: dichas frugales.

No se trata de desdeñarlas ni de quitarles la importancia que tienen. Por ejemplo, ¿hay algo más bello que saber que las personas que queremos están bien? ¿No es hermoso que se cumplan algunos sueños largamente acariciados? Claro que esto es importante en el plano de los deseos personales y de los vínculos. Aunque no duran, nos proporcionan momentos de intenso gozo. El yo está contento, aunque sólo sea por un tiempo.

No obstante, el yo suele encontrarse demasiado pendiente de los avatares de su realidad, y vive tan apasionadamente en los pensamientos que engendra que llega a olvidar que se trata sólo de pensamientos, no de la realidad misma. Vive a merced de sus diálogos internos, de su ruido mental, de sus opiniones, de sus filias y sus fobias, ignorante de la dulce liberación que le concedería hacer limpieza de tanta opinión, de todo aquello que toma por estricta verdad o mentira. Las palabras de nuestra orgullosa mente anulan el espíritu que nos orienta, silencioso creador y testigo de todo cuanto sucede bajo el sol.

Aquel al que llamamos yo trata de encontrar protección y desconfía de lo que es, en lugar de amarlo. Prefiere lo que debería ser en lugar de lo que es. Sin embargo, el gran bienestar, el *summum bonum* de la dicha, se encuentra en el amor absoluto, inclusivo, indiscutible, a lo que es, a lo que se presenta en cada momento, más allá de los deseos o temores del yo. Esta es la tesis principal de todas las tradiciones espirituales y de sabiduría: que mejor sabe Dios lo que necesita el hombre que él mismo, y que todo, absolutamente todo, incluso aquello que no lo parece, apunta a conservar y hacer florecer el resplandor de su alma. La gran felicidad, la que es estable, dice sí a lo que es. Porque en su equipaje pesan poco los deseos y los temores del yo. La gran felicidad fermenta en un yo que alcanza la paradójica grandeza de ser pequeño y aprende a transitar el dolor de las penas inevitables en contacto con su ser profundo.

Byron Katie escribió un libro magnífico que lleva por título, justamente, *Amar lo que es*. En él describe lo que denomina «el trabajo», consistente en cuestionar la verdad de nuestros pensamientos, que nos llevan a reacciones emocionales sin control, y poder comprender que los pensamientos no son la realidad, sino opiniones que le imponemos a la misma y que conllevan sufrimiento (o, cuando se trata de pensamientos positivos, dicha efímera). El trabajo consta de cuatro preguntas esenciales: ¿Es verdad esto que pienso? ¿Es realmente verdad esto que pienso? ¿Cómo reacciono al tener este pensamiento? Y la última, que atesora una esperanza transformadora increíble: ¿Quién sería yo sin este pensamiento?

Estas simples preguntas tienen un enorme potencial cuando las aplicamos a pensamientos autoinvalidantes que conducen a la depresión, como «yo no valgo para nada» o «nadie me va a querer así». O pensamientos sobre los demás que nos abocan al malestar, como «mi marido hace a propósito justo aquello que sabe que me molesta». O pensamientos sobre la realidad que nos llevan a la frustración, del tipo «la lluvia me ha fastidiado las vacaciones», o mucho más comprometido, por ejemplo

«¿por qué tuvo que morir mi madre cuando nací?». Si miramos estos pensamientos con atención, podemos preguntarnos: ¿Son verdaderos? ¿Nos conviene creerlos? ¿Nos ayudan en algo? ¿Encajan, acaso, con alguna verdad esencial? ¿Dónde seríamos conducidos, a qué experiencia interior, si pudiéramos renunciar a ellos? ¿Estaríamos mejor o peor sin ellos? ¿Quiénes seríamos sin estos pensamientos? Si miramos el trasfondo descubrimos quién está detrás de todos estos pensamientos: el pequeño yo.

En resumen, los pensamientos son únicamente pensamientos, y no la realidad que tratan de crear. Saberlo y convertirlo en nuestra práctica nos acerca de nuevo a nuestro centro.

Escribe el marido de Byron Katie acerca de ella: «En la flor de una vida corriente –dos matrimonios, tres hijos, éxito profesional-, hacía diez años que Katie había entrado en una espiral descendente de rabia, paranoia y desesperación. Durante dos años su depresión fue tan fuerte que apenas era capaz de salir de casa; se quedaba en la casa semanas enteras y atendía sus obligaciones profesionales por teléfono desde su habitación, incapaz siquiera de bañarse o de cepillarse los dientes. Sus hijos pasaban por delante de su puerta de puntillas a fin de evitar sus estallidos de cólera. Finalmente, ingresó en un centro para mujeres con trastornos de alimentación, el único servicio que su compañía de seguros estaba dispuesta a pagar. Las otras residentes le tenían tanto miedo que la pusieron sola en una habitación de la buhardilla. Aproximadamente una semana más tarde, Katie, que dormía en el suelo (se sentía demasiado insignificante para hacerlo en una cama), se despertó una mañana sin ningún concepto de quién o qué era. Ya no existía». Y dice Katie: «Toda mi rabia, todos los pensamientos que habían estado atormentándome, todo mi mundo, el mundo entero, había desaparecido. A la vez, una risa que brotaba de las profundidades empezó a manar con fuerza. Todo me resultaba irreconocible. Era como si algo distinto se hubiese despertado, hubiese abierto los ojos y estuviese mirando a través de los ojos de Katie. ¡Y ese algo estaba encantado! Se sentía embriagado de alegría. No había ninguna separación, nada resultaba inaceptable; todo tenía su propia identidad».

Para muchas personas, el preámbulo de la dimensión del ser, de la gran sonrisa, de la alegre irradiación, es una época de intenso sufrimiento en la que cualquier intento del yo para organizarse y perseverar fracasa. Un día, azarosamente, ven cómo se abre la puerta de otra dimensión. Se despiertan al amor de su corazón, a la paz de su cuerpo y al silencio de su mente.

LA REALIDAD COMO IMPERATIVO Y EL PENSAMIENTO COMO SU AMORTIGUADOR

La realidad, o sea lo que es a cada instante, se erige como imperativo tan aplastante e ineludible que el pensamiento, regido por el pequeño yo, trabaja para amortiguar su impacto. Con el pensamiento tratamos, por tanto, de crear un segundo nivel de realidad a través del cual intentamos gestionar los imperativos irrevocables de los hechos, el primer nivel de realidad. En este sentido, es crucial el aseo, cuidado y engrasado del modus operandi de nuestra mente.

La *psicohigiene* de la mente se caracteriza por fabricar pensamientos útiles, aquellos que nos mantienen fuertes, conducen a la acción y abren puertas de sentido a lo que vivimos. Y, por otro lado, por inhibir la segregación de los inútiles, aquellos que pelean groseramente contra los hechos y nos hacen permanecer en círculos concéntricos de reconcomio mental, desplazándonos del presente hacia el pasado o el futuro.

Los griegos utilizaban el término *hybris* para designar la insubordinación humana al proyecto divino, a aquello que nos surte el vivir mediante el divino providencial, eso es, un querer más o querer algo diferente de la parte que nos ha sido asignada en la división del destino.

Todas las personas nos vemos abocadas a un diálogo y confrontación con la realidad, con los hechos que la vida trae. La vida es una relación dialógica entre la persona y los hechos, entre el yo y la realidad. El asunto clave es quién de los dos, realidad o yo, es el maestro y quién el discípulo. ¿Quién se subordina a quién? ¿Quién se impone a quién?

Para mí, la respuesta es evidente: la realidad es imperativa, mientras que el yo sólo puede amortiguar el peso de la realidad. Son comunes, por ejemplo, los pensamientos consuelo, con los que nos reconfortamos de la pena y la contrariedad, o los pensamientos control, con los cuales ahuyentamos nuestros miedos. Sin embargo, los pensamientos más honorables y de alto nivel son aquellos que sonríen a la realidad y, si se puede, nos llevan a actuar sobre ella, y si no se puede, nos llevan a darle un sentido. Un poquito más alto aún estaría el «no pensamiento», que usa el silencio y llena de ser todo lo que toca, haciéndonos saltar a otra conciencia.

En la película documental *El Gran Silencio*, que refleja la vida contemplativa y silenciosa en un monasterio trapense, se ve a un anciano monje, ciego desde hace años, desprendiendo una radiante alegría. En una breve conversación expresa la siguiente idea: «Le agradezco a Dios que me dejará ciego, pues él sabe mejor que yo lo que le conviene a mi alma para su camino». ¿No desprende esta frase confianza y humildad? ¿Acaso no desborda aceptación?

El arte que nos conduce a la felicidad consiste en abrazar los hechos como vehículos, a veces misteriosos, a través de los cuales tenemos la oportunidad de crecer y alinearnos con la gran voluntad. Así aprendemos a ser discípulos de la realidad, activos y comprometidos, y no sus víctimas o sus inquisidores.

DISCÍPULOS DE LA REALIDAD

Los seres humanos mantenemos la libertad de elegir nuestra actitud en todo momento, incluso en las peores circunstancias. Víctor Frankl, psiquiatra superviviente de Auswitch y creador de la logoterapia, enseña que, en toda situación, por terrible que sea, un ser humano puede mantener su brújula interior y encontrar sentido al vivir. Y puede hacerlo, básicamente, a través de tres caminos. El primero es la acción, eso es, actuamos, cuando tenemos la libertad para hacerlo, en la dirección de nuestros intereses, valores y propósitos. El segundo es la contemplación: a veces podemos estar privados de la opción de hacer algo, por ejemplo en un campo de concentración, pero podemos retirarnos a un lugar interno que nos convierta en testigos de la realidad, en un gran ojo observador que a modo de espejo refleja toda la belleza del mundo y toda la fealdad, aunque bello o feo sean términos irrelevantes para el espejo. El tercero es el del sufrimiento asumido: en circunstancias irreversiblemente calamitosas podemos encontrar un sentido y un progreso interior en la entrega sin reservas al sufrimiento, en su asunción como parte de nuestro camino.

También George Gurdjieff habló del «dolor consciente», aquel al que le abrimos la llave de paso en lugar de tratar de mantenerla artificialmente cerrada, lo cual lo convierte en una vía de progreso y maduración existencial y espiritual. Al parecer, tratar de evitar el sufrimiento inevitable sólo trae una mayor dosis del mismo.

¿Por qué algunas personas a las que vida regala una y mil donaciones y oportunidades se encuentran inmersas en la insatisfacción crónica? Y a la inversa: ¿Por qué algunas personas que padecen o han padecido constantes infortunios mantienen un tono alegre y gozan de la vida y de cada instante como algo vibrante, como si estuviera lleno de todo sentido? La realidad es una, pero nuestra manera de abordarla y vivirla es personal y singular.

Somos libres de tomar una posición u otra, libres de darle un sentido, libres de mantener nuestra dignidad en todo momento. Y la libertad es hermana de la responsabilidad, en la que formulamos nuestra respuesta y nuestros actos creativos a la realidad. A través de asumir nuestra cuota de libertad y de responsabilidad en cómo vivimos lo que la vida nos impone nos hacemos discípulos de la realidad. De esta manera, aprendemos a tensar o destensar las velas de nuestra nave, nos bregamos en mantener firmes los palos mayores de nuestra columna vertebral, oteamos con finura el horizonte para ver cómo llegar a casa.

Uno de los sucesos más desdichados que podemos vivir es la muerte de un hijo, en especial cuando se trata de un pequeño o joven. Golpea y rompe el corazón de una madre o de un padre o de una familia en una forma desgarradora. Es difícil que sea vivido con conformidad, como voluntad de Dios, como el destino propio e ineludible de este hijo. Cuando el dolor azota nuestro corazón de personas mamíferas y apegadas no es tan fácil decir simplemente: «Me rindo a la voluntad de Dios, lo acojo como aquello que necesito para mi propio camino, lo amo por el simple hecho de que ha ocurrido, amo en mi hijo también su muerte porque forma parte de su camino único y personal». En general, las personas que sufren una pérdida de este calibre recorren un vía crucis de emociones enfrentadas: rabias, penas, culpas, enfados con Dios o con la vida o con uno mismo o con el hijo, deseos de morir, melancolías, frustraciones, alegría y gratitud por lo que se vivió con el hijo mientras estuvo en la vida, etc. Hasta que, con suerte, al final del proceso encuentran de nuevo la paz y la alegría de vivir y logran despedirse con amor del hijo y le guardan para siempre un buen lugar en el corazón, y se reconectan con la vida, resistiendo la tentación de seguirle a la muerte, o de retar a la muerte como la odiada poderosa a la que pueden derrotar, tratando de morir por propia voluntad en lugar de por la suya. A veces, están tan enfadados con la muerte que le echan peligrosos pulsos con el deseo inconsciente de reunirse con el ser querido que perdieron. Pero los muertos necesitan la paz y el desprendimiento de los vivos para culminar su propia muerte.

Cuenta una historia (que suele atribuirse al Buda, aunque no existe un *sutra* específico) el peregrinaje desesperado de una madre que había perdido a su pequeño y amado hijo en busca del bálsamo que suavizara su atormentado y quebrado corazón. Fue a visitar a un humilde pero reputado maestro y, después de mostrarle la intensidad de su pena y contarle los pormenores de la muerte de su hijo, solicitó su ayuda y consuelo. El maestro le contestó que podía ayudarla, pero que antes tenía que conseguir un grano de mostaza de alguna casa en la que no hubiese entrado el dolor y traérselo, de manera tal que, cuando tuviera en sus manos el grano sabría qué hacer. La mujer partió en su busca. Llamó a muchas puertas, y en cada una preguntó si en aquella casa había entrado el dolor. Cada familia le habló de sus pérdidas y sus penas: que recién había fallecido el abuelo; que no lograban tener los hijos que tanto deseaban; que había un asesino en la familia; que habían sido víctimas de violencia o de penalidades económicas; que un accidente había ocasionado el aborto de un hijo muy deseado; que una sequía los había hecho pasar hambre; que había rencillas en la familia y luchas por los bienes; y mil etcéteras. Llamara a la puerta que llamara, en ninguna pudo obtener «el grano de mostaza de una casa en la que no haya entrado el dolor», de manera que desistió de su empeño y regresó adonde el maestro. Y le dijo: «No conseguí el grano de mostaza de una casa donde no hubiera entrado el dolor, pero obtuve algo mucho mejor aún. Descubrí que en todas las casas, en algún tiempo o lugar, se encuentra alojado el dolor. Al compartir el mío y sentir con tanta fuerza el de los demás, poco a poco me fui hermanando con las personas y espontáneamente fui dando el consuelo que reclamaba para mí y para mi desdicha. Es extraño, ya que al darlo con generosidad, paradójicamente, lo obtuve para mí, y mi corazón poco a poco se fue dulcificando. También aprendí que la vida actúa sin pedir permiso ni conceder explicaciones, que alguna de las notas que interpreta parece absurda e inhumana, pero que en el rostro del dolor se abre una grieta de luz para sentirnos iguales y hermanados con los demás, para ablandar nuestro corazón, ahora herido, y ponernos en sintonía con el misterio de la vida, que nos quiere llevar en sus brazos a su propia manera».

Ser discípulos de la realidad exige disponibilidad para encarar el dolor, algo que a todos nos cuesta. Aquel al que llamamos yo quisiera que lo desagradable no le rozara y que todas las artimañas y posiciones existenciales que toma para defendernos del lado sufriente de la vida cumplieran su cometido protector. Sin embargo, no podemos permanecer a resguardo de la vida.

Dolor sólo es dolor, y todo lo que hacemos para evitarlo es mucho más que dolor, es sufrimiento; nos encoge en lugar de expandirnos. Todos edificamos con buenos argumentos nuestro sufrimiento, lo recubrimos con buenas razones, lo defendemos con trincheras intelectuales y emocionales la mar de razonables, acudimos a lo que nos hirió y nos pasó (por lo menos a lo que recordamos de ello) para justificarlo. Siempre tenemos razón. Pero cuanta más razón creemos tener, más sufrimos.

Por el contrario, los que sueltan la presa (sus razones) y toman lo que la vida trae para su crecimiento y beneficio, y para el de la vida misma, aligeran la carga. Tomemos el ejemplo de Buda. Su madre murió al tercer día de su vida. ¡Qué gran y grave pérdida para un hijo! ¿Acaso Buda tomó este hecho como legítimo pasaporte para una vida amarga y penitencial? ¿Se entregó al reconcomio de una orfandad prematura, de una carencia maternal, o logró sobreponerse y edificar sobre esa pérdida una vida con redoblado sentido? ¿Vivió en la queja y la oposición al hecho trágico de perder a su madre o lo pudo integrar como una bendición para su posterior misión? ¿Qué hizo Buda con su vida?

La respuesta es conocida: además de vivirla con todas las consecuencias, de casarse y tener hijos, se entregó al fervoroso deseo de entender la naturaleza del sufrimiento y de su superación (quizá influido justamente por la temprana pérdida de su madre).

Y el resultado también es conocido: nada menos que el budismo, con sus comprensiones y sus nobles verdades, que nos pueden llevar de la orilla del sufrimiento a la orilla de la dicha que perdura.

¿QUÉ SABEMOS?

¿Qué sabemos en realidad sobre aquello que resulta mejor o peor, si vivir o morir, ganar o perder, sanar o enfermar, sonreír o llorar? ¿Qué sabemos acerca de si una vida es mejor que otra, si un recorrido largo es mejor que uno corto, si un cuerpo es mejor o peor que otro? En parte vivimos en el misterio, en el enigma del porqué de las cosas y de los destinos asignados. ¿Qué sabemos? Una vez escribí: «Imaginemos un mundo donde, sólo como ejemplos, la vejez, la enfermedad, la timidez, la muerte, o sea, el sufrimiento inevitable estuviera bien visto y formara parte respetable del vivir en la misma medida que sus contrarios, la juventud, la salud, la expresión, el vivir y el gozo inevitable. Demasiadas personas sufren aún la presión de no encajar con aquello que convenimos en valorar como bueno. Sin embargo, ¿quién está realmente acreditado para afirmar que algo es mejor que algo, o que una vida es mejor que otra?».

Una historia de la tradición sufí, que tiene a Nasrudín como su personaje emblemático e iluminado (mitad idiota, mitad sabio) nos cuenta cómo un grupo de cuatro o cinco niños encuentra una gran cesta repleta de avellanas. No saben cómo repartirla entre ellos, así que acuden a Nasrudín y solicitan su ayuda para un reparto justo. Nasrudín accede con mucho gusto, pero les pregunta: «¿Preferís que el reparto se haga a la manera de Dios o a la manera del hombre?». Los niños contestan sin dudar: «A la manera de Dios». A continuación Nasrudín da media cesta de avellanas a uno de los niños, otra gran cantidad a otro, un puñado al tercero, unas pocas al cuarto y ninguna al quinto. Los niños se quedan asombrados y se quejan a Nasrudín: «Esto es injusto. ¿Cómo es posible? Pero si hemos dicho a la manera de Dios». A lo que Nasrudín responde: «Exacto. Yo lo he repartido a la manera de Dios, tal como me habéis pedido. Si lo hubieseis deseado a la manera del hombre habría intentado ser justo y ecuánime y daros a cada uno en proporciones iguales».

Dios está libre de justicia, de piedad, de ecuanimidad. Miremos el mundo, si no. Dios actúa. ¿Con qué idea? No lo sabemos. Quizás con ninguna. ¿Con qué propósito? No lo sabemos. Quizás con ninguno.

Aprendemos en esta historia que la manera de Dios no sigue las reglas de lo justo y lo injusto que rige el sentido común de los hombres. La manera de Dios es incomprensible, extraña, parece casi caprichosa y azarosa. ¿Por qué tanto para unos y tan poco para otros, por qué fertilidad para muchos pero desierto para otros? Tantos porqués...

El aprendizaje más sutil lo alcanzamos cuando miramos lo que le tocó a cada niño. ¿Alguien sería capaz de afirmar que el primero tuvo más suerte que el último, tal como podría parecer? ¿Qué sabemos sobre el hecho de si fue mejor o peor recibir un puñado de avellanas o una gran cantidad o ninguna? ¿Qué sabemos? ¿Sabemos acaso si es preferible y más feliz vivir en el epicentro de la riqueza en Nueva York o en una humilde aldea de la India? Cada día trae su afán y cada momento su reto para cada uno. Y en ellos nos concentramos, cada uno en su lugar, abiertos a lo que nos toca.

Desde luego no estoy predicando en favor de la resignación frente a las tiranías o las injusticias. No. El camino, la tarea del hombre se concentra en la justicia. La de Dios en las acciones que nos parecen a veces más rotundamente injustas. Una vez, un amigo de mi hijo, a la salida de la escuela, contó que el día anterior había muerto su abuela, y añadió en tono de queja: «¿Por qué? No es justo». Ya de pequeños intentamos navegar en la intersección entre los caminos del hombre y los de Dios, entre las sombras de lo que parece justo o injusto.

La mirada honorable y desarrollada del hombre descubre una igualdad esencial entre todos los seres humanos, iguales en valores, en derechos, en necesidades, y Dios en cambio parece que juega a los dados y esparce su suerte diversa. Pero insisto: ¿Qué sabemos sobre lo que es realmente bueno?

Como reza un dicho muy conocido, atribuido en origen a San Francisco de Asís: «Ojalá tengamos la fuerza para cambiar aquello que es posible cambiar (el camino del hombre) y la valentía para sobrellevar, enriquecernos y crecer con lo que no podemos cambiar (el camino de Dios). Y, por supuesto, la sabiduría para distinguir lo uno de lo otro».

Ojalá logremos la plena paciencia con nosotros mismos. Es un asunto difícil, como también es complicado tolerar a los demás. Pero especialmente difícil es practicar esa paciencia con Dios, cuyas obras logran sumergirnos alguna vez en el más profundo de los gemidos. Y entonces gritamos: «¡No es justo!». Pero, al fin, ¿qué sabemos?

HONRAR LA VIDA A TRAVÉS DE NUESTROS PADRES

Volvamos de nuevo a la historia del Buda Sakyamuni (Siddhartha Gautama) y reflexionemos con atención. A la inversa de la historia de la mujer que había perdido a su hijo, ahora es el hijo que ha perdido a la madre tempranamente como consecuencia de las complicaciones del parto. Confío en que no sean muchos los lectores que piensen que esto no tiene importancia aduciendo que el hijo era tan pequeño que no lo sintió y no lo vivió con conciencia, pues esto sería un demérito para la comprensión actual que tenemos de los traumas en los vínculos, y sobre las vivencias que los hijos sienten hacia sus padres; además de olvidar que todo es percibido en el cuerpo y las células, aunque no se haya registrado en la conciencia consciente. Como ya explicamos en el capítulo anterior, pertenecemos a un campo de información, con nuestras antenas receptivas abiertas desde el momento de la concepción a todos los sucesos y sentimientos de nuestro sistema familiar. Y el fallecimiento de una madre como consecuencia de dar una vida es un hecho traumático en cualquier familia y un hecho humano de gran trascendencia. Imaginemos: una mujer lo da todo, es decir, su propia vida, y un hijo lo recibe todo, es decir, su propia vida. Probablemente sea uno de los hechos, en relaciones humanas, donde se da el intercambio más desequilibrado entre el dar y el recibir.

La historia sigue de la manera que conocemos: Buda fue criado en un entorno protegido y privado de la experiencia y visión de cualquier otro sufrimiento. Se casó y tuvo hijos. Un día, al salir de la franja del bienestar trazada por un padre protector que quería dispensar de sinsabores al hijo, se dio de bruces con el rostro sufriente de la vida. Quedó conmovido por la visión de los moribundos, los ancianos, los decrépitos, los miserables, los hambrientos y los enfermos. Probablemente entró en estado de *shock*. Me permito formular la hipótesis de que, tal vez inconscientemente, la antigua herida de la muerte de su madre inundó su cuerpo y sus sentimientos, como una vieja semilla que, después de echar raíces durante mucho tiempo iniciara un crecimiento descontrolado. Así, Buda tomó la firme resolución de consagrar su vida a comprender la naturaleza del sufrimiento y su resolución.

La pregunta que nos concierne es: ¿Cómo honrar a nuestros padres tal como son y fueron, y con ello honrar la vida en un sentido amplio? El asunto fue especialmente difícil para Buda ya que, ¿cómo tomar a su madre y lo que le llegó a través de ella, y honrarla con todas las consecuencias, habiéndola perdido tan pronto? El hijo experimenta el peso de saber que tiene la vida al coste de la muerte de su madre ¿Cómo asumir en su corazón el precio por lo recibido cuando es tan alto? ¿Cómo decir sí a la vida en las condiciones en que se le brindó?

De hecho, son preguntas universales. A todos nos conciernen. Los padres no son sólo los padres, sino que, para cada uno, son los representantes de la vida, que los toma a su servicio, por así decir, en un incansable río que fluye de lo anterior a lo venidero, empujado por la briosa sexualidad. Al tomar a los padres y nuestros orígenes tal como son, también tomamos la vida tal como es. Al tomar a los padres y honrarlos, consecuentemente, honramos la vida.

Un gran reto para todos y todas es honrar a nuestros padres con todo lo que eso conlleva, incluidas las complicaciones, los dolores y traumas, las vivencias y los sentimientos difíciles. Los seres humanos somos relacionales, apegados y gregarios. Sin los demás, sin sus cuidados, no podemos sobrevivir. Nuestra crianza de mamíferos se prolonga en el tiempo y no somos maduros, autónomos y adultos hasta una edad avanzada. Los padres que nos han dado la vida, o en su defecto las personas que nos cuidan, se convierten en cruciales, y los hijos experimentan una suerte de amor y apego biológico a sus padres y sus anteriores con una fuerte carga emocional. Uno de los mayores anhelos y necesidades de los seres humanos, y especialmente de los hijos, es el de pertenecer y formar parte de su grupo afectivo, pues esta pertenencia le provee de tranquilidad y una dulce sensación de felicidad.

Volvamos a la pregunta: ¿Cómo Buda pudo tomar a su favor y al de la vida el hecho punzante de que su madre murió y no la tuvo? Muchos en una situación similar no logran sobreponerse y enfilan el camino de la debilidad, que dice: «Es un precio demasiado alto. A este precio no tomo plenamente mi vida, no la tomo con seriedad. Qué importa entonces si hago con ella algo bueno y bello». En consecuencia, viven una vida gris, sin fuerza, aplastados por el peso de lo recibido. No logran ver la realidad del amor de la madre que dio la vida con todas las consecuencias, sintonizarse con ella, comprender su deseo de que el hijo esté bien, notar que desde la tierra de los muertos le manda todo tipo de bendiciones. ¿Cómo trascender el victimismo frente a este hecho y convertirse en su discípulo?

En algún lugar leí que Buda tuvo el siguiente sueño. Soñó que se veía a sí mismo viajando hacia el cielo de las mujeres donde estaba su madre. Se sentó frente de ella y ocurrió algo inusual. De los pechos de la madre empezó a fluir leche materna que, por vía aérea, flotando en el aire, iba a parar a los labios y la boca de Buda. Esto es bello porque podemos pensar que simboliza que Buda toma todo lo que viene de su madre tal como ha sido, y al precio que costó, como su alimento esencial. Incluso su pérdida temprana pudo hacerle especialmente sensible al sufrimiento humano. A continuación, podemos imaginar que Buda cuenta a su madre la historia de su vida, su despertar y sus comprensiones acerca de la resolución del sufrimiento y el bien que esto proporcionará a la humanidad, y añade: «Este es mi regalo para ti, para tu memoria, honrando la vida que me diste al precio que costó». ¿No es bello? ¡Es honrar la vida en mayúsculas!

El resultado es que Buda se comprometió con la vida

y aprovechó incluso lo que podía parecer trágico para generar el Budismo con sus enseñanzas para una vida feliz, para una felicidad que perdura y va más allá de que las cosas nos sean favorables o desfavorables.

Honrar a los padres no trata únicamente de honrarles a ellos como seres individuales, sino que a través de ellos honramos la vida. Entonces, si lo enfocamos con serenidad, ¿cuál es el efecto de honrar a los padres? Que nos comprometemos con la mejor vida posible, con la mayor felicidad y realización, que quedamos obligados a darle a la vida y a los demás aquello que tenemos para dar, a hacer lo que tenemos para hacer, y a recibir lo que la vida tiene para darnos.

El mandamiento dice: «Honrarás a tu padre y a tu madre». Pero sigue con una frase subordinada de suma relevancia: «Y así tendrás una larga vida sobre la tierra». La larga vida, la plena salud, es el fruto de asentir a nuestras raíces y abrir el corazón a nuestra historia. Y con ello ganar la libertad para entregarnos a cada presente que se nos arrima.

LO BUENO DE LO MALO Y LO MALO DE LO BUENO

En lengua castellana tenemos un hermoso dicho: «No hay mal que por bien no venga». Lo usamos a menudo, pero cuando hemos de aplicárnoslo a nosotros o a nuestros seres queridos nos resulta difícil. Aun sabiendo que la contrariedad siembra la promesa de un futuro y un nuevo horizonte, nos cuesta tomar esta idea en consideración.

En la literatura de autoayuda se ha convertido en común la idea de que todo lo que nos llega nos plantea una hermosa oportunidad para crecer, y que detrás de lo aparentemente absurdo o negativo podemos encontrar la joya más preciosa e insospechada. Es verdad. De hecho, cualquier movimiento que iniciamos en la vida se convierte en destino: imprime sus consecuencias inevitables y nos reta a tomar la responsabilidad de lo que ha sido y lo que será. ¿Cuántas personas descubrieron que muchos años de felicidad en una familia derivaban en una llamada imperiosa hacia otros derroteros? ¿Cuántos construyeron florecientes negocios para descubrir que quedaban atrapados en ellos? Por el contrario, ¿cuántos, al derrumbarse sus empresas, encontraron una nueva libertad llena de opciones? ¿Cuántos, al perder su amor o su familia, o al seguir otros caminos, descubrieron una paz que no imaginaban? De manera que todo lo aparentemente bueno o malo atrae la potencialidad de su contrario y al revés.

Un elemental ejercicio de sabiduría nos lleva a cuestionar el concepto de qué es lo bueno y qué es lo malo. Todo depende. Es relativo. Sujeto al azar. Todo tiene su doble cara (para el ser absoluto ni siquiera existen bueno y malo, como ya hemos explicado). Este ejercicio, que improviso en alguna ocasión en el marco de un taller terapéutico, consiste en revisar situaciones del pasado desde la perspectiva del futuro. Imaginemos que el adulto en el que nos hemos convertido pudiera visitar al niño o la niña que fuimos en momentos en los que se sintió mal. ¿Cómo se sentiría el niño o la niña, dentro de cada uno de nosotros, sabiendo que el futuro le espera en un lugar donde se ha hecho más fuerte y capaz?

Al final, somos supervivientes. Si al menos tuviéramos la información del futuro cuando atravesamos un tránsito difícil en nuestra vida. Si supiéramos que todo pasará y que un horizonte nuevo se abrirá cuando lo viejo se cierre. Si al menos supiéramos de verdad que cuando nos visita la dificultad llega con la promesa o la posibilidad de una felicidad mayor. Si incluso llegáramos a confiar en que nuestro último tránsito, el de la muerte, es el regreso a nuestro hogar seguro, donde vida y muerte, que parecían separadas, se hacen de nuevo una.

Un amigo me contó cómo su abuela, ya mayor, solía decir frases del tipo: «¡Ay, cómo es la vida! Cuando somos pequeños tenemos preocupaciones que se convierten en el centro de nuestro mundo: que queremos una pelota nueva, que se ha roto nuestro juguete preferido o que estamos preocupados por la enfermedad de nuestra madre. Luego, con el tiempo, estas preocupaciones se desvanecen por completo y pierden toda su importancia. Entonces otras toman el protagonismo, y ya adolescentes o jóvenes vivimos torturados por el amor o el desamor de cierto o cierta joven. Más adelante, todo esto tampoco tiene ninguna importancia. Y otras cuestiones toman el relevo: queremos éxito profesional o pagar las facturas o lo que sea. Parecen de vida o de muerte de nuevo, pero luego, con el tiempo, pierden toda trascendencia. Al fin, somos ancianos y sigue ocurriendo: ahora nos preocupan asuntos del cuerpo, de imposibilidades físicas, o la cercanía de la muerte. La ventaja es que hemos atravesado y superado tantos problemas que sabemos que podemos con ello. ¡Ay, cómo es la vida! Todo se repite una y otra vez, sólo cambian los jugadores».

El tiempo añade una perspectiva que mitiga lo aparentemente perentorio de los presentes difíciles. Además, podemos añadir la perspectiva grande de la eternidad, y entonces cualquier asunto se convierte en un grano de arena en un inmenso desierto.

Tomemos el famoso cuento taoísta del granjero.

Un granjero vivía en una pequeña y pobre aldea. Sus paisanos lo consideraban afortunado porque tenía un caballo, que utilizaba para labrar y transportar la cosecha. Pero un día el caballo se escapó. La noticia corrió pronto por el pueblo, de manera que al llegar la noche los vecinos fueron a consolarle por aquella grave pérdida. Todos le decían: «¡Qué mala suerte has tenido!». La respuesta del granjero fue un sencillo: «Puede ser».

Pocos días después, el caballo regresó, trayendo consigo dos yeguas salvajes que había encontrado en las montañas. Enterados los aldeanos, acudieron de nuevo a su casa, esta vez para darle la enhorabuena y comentarle su buena suerte, a lo que él volvió a contestar: «Puede ser».

Al día siguiente, el hijo del granjero trató de domar a una de las yeguas, pero ésta lo arrojó al suelo y el joven se rompió una pierna. Los vecinos visitaron al herido y lamentaron su mala suerte, pero el padre se limitó a decir otra vez: «Puede ser».

Una semana más tarde aparecieron en el pueblo los oficiales de reclutamiento para llevarse a los jóvenes al ejército. El hijo del granjero fue rechazado por tener la pierna rota. Al atardecer, los aldeanos que habían despedido a sus hijos se reunieron en la taberna y comentaron la buena estrella del granjero, mas éste, como ya podemos imaginar, contestó nuevamente: «Puede ser».

Y así ad infínitum. Por lo que de nuevo cabe aquí la pregunta esencial: ¿qué sabemos?

EL DOLOR COMO ANTÍDOTO DEL SUFRIMIENTO

Ante el genuino dolor, ante la presencia de personas que atraviesan verdaderos duelos, en los demás se abre espontáneamente la puerta de la compasión, la humanidad y la solidaridad. Es algo biológico. Sentimos el impulso natural de caminar al lado, acompañar y apoyar a los tristes y a los que supuran de tormento. Sin embargo, el sufrimiento es otro asunto, otro cantar. El sufrimiento tiene otras connotaciones y, a menudo, despierta en los demás el deseo de alejamiento.

Por un lado, podríamos hablar del sufrimiento inevitable: es aquel que ocurre cuando nos visita el dolor de los hechos de la vida. Es dolor, puro dolor y pena con toda su gama de colores y matices. Por otro, podemos hablar de un sufrimiento evitable: es aquel que experimentamos como resultado de todos nuestros esfuerzos para evitar el dolor y nuestra incapacidad para aceptarlo. Entonces nos extraviamos por vías muertas. Lo que evitamos nos aleja de nosotros mismos y nos niega el desarrollo que prometía su vivencia plena.

Creo que es importante hacer esta distinción. A través de mi observación he llegado a la conclusión siguiente: una gran proporción de sufrimiento es evitable y tiene que ver con la dificultad de entregarse al dolor e integrar sucesos difíciles de la vida, a veces experiencias de la infancia o con los padres, o pérdidas graves, o reveses imprevistos (contrariedades, traiciones, desamores). Lo que es inevitable es el impacto y seguramente el dolor por los sucesos acaecidos, ya que ¿qué podemos hacer con lo que ya ha ocurrido? Simplemente abrirnos a ello y permitir la plena vivencia de los sentimientos que nos traiga. Como dijo Sartre: «Lo importante no es qué han hecho conmigo, sino lo que he hecho con lo que han hecho conmigo». Podemos hacer mucho con nuestra manera de vivir los asuntos. Recordemos la idea que vamos vertiendo a lo largo de todo el texto: oposición es sufrimiento, asentimiento es liberación, aunque requiera abrirse al dolor.

Ante la magnitud o gravedad de hechos punzantes algunas personas ceden a caminos que los ingresan en clubes de sufrimiento inútil: el de los quejosos, resentidos, víctimas, justicieros, vengadores, hedonistas, locos, etc. Se trata de posiciones existenciales edificadas para prevenir o gestionar las embestidas hirientes de lo que es cuando es contrario a lo que nuestro corazón hubiera deseado o necesitado. Sin embargo, nos alejan de nuestro centro y de nuestra fuerza. Cuando el sufrimiento toma la forma de posiciones existenciales estratégicas y manipulativas como esas, casi nunca despierta la compasión natural de los demás, sino más bien su molestia, ya que bajo la convicción de que concede derechos les exige algo, les obliga a algo, les manipula. Está más que extendida la idea de que el sufrimiento concede derechos. A mí me parece que no debería ser así, ya que este tipo de sufrimiento hace sufrir a los demás. Molesta porque no respeta la responsabilidad y la dignidad entre iguales. Este tipo de sufrimiento no útil, posicional, hace sufrir a los demás e impide su libertad. Molesta a la vida, la entorpece. En terapia se le reconoce por los beneficios secundarios que obtiene el supuesto sufriente. El buen terapeuta lo confronta y lo frustra para que la persona pueda caer en la cuenta y asumir su verdadera responsabilidad.

De manera que hay que distinguir entre dolor y sufrimiento. Así como el sufrimiento se funda en una lucha contra los hechos, el dolor es la emoción que se activa y que nuestra biología pone a nuestra disposición cuando los hechos nos duelen, cuando nos traen pérdidas o asuntos desgraciados, cuando nos tenemos que desprender de aquello que tanto queremos o al revés, cuando lo que queremos no logramos alcanzarlo o no viene hacia nosotros. El dolor es una emoción natural. En nuestra cultura el dolor tiene mala prensa porque existe la creencia de que no debemos estar tristes y además nos puede conducir a la depresión. En realidad, es a la inversa, nos deprimimos porque detenemos el flujo espontáneo de nuestros sentimientos, sean los que sean, o interferimos con nuestras ideas sobre lo que deberíamos experimentar, o simplemente pretendemos pasarlos por alto. Ninguna emoción es peligrosa en sí misma. Lo que sí es disfuncional es quedarse anclado durante mucho tiempo en alguna de ellas, ya que la cualidad de los sentimientos es ir y venir, irrumpir y desvanecerse.

De hecho, en algunas situaciones, si somos capaces de soportar el dolor y mantenernos en él, también nos mantenemos en contacto con el amor, ya que dolor y amor son dos caras de la misma moneda, combustible del mismo octanaje. El contacto con el dolor mantiene abiertos los corazones.

He aquí otra pequeña historia ilustrativa. Dos madres perdieron a sus hijos en el mismo accidente de automóvil. Ambas sufrieron un dolor indecible. Una de ellas, al cabo de un tiempo, recuperó la alegría y sintió la gratitud por el tiempo que había podido disfrutar de su hijo. A medida que iba aceptando su muerte, su corazón se llenaba de ternura y dulzura hacia este hijo y hacia la vida. Cuando hablaba de él ya no lo hacía con pena, sino con la delicadeza y el tono entrañable que usamos para alguien que ha sido una bendición en nuestra vida. La segunda madre, aún después de diez años del fallecimiento, acudía sin falta al cementerio todos los días, en una especie de ritual que la llevaba a sentirse más cerca de su hijo. En verdad se resistía a soltarlo y despedirlo, y ella misma se sentía cada vez más cerca de la muerte que de la vida. Cuando estaba con gente todavía necesitaba compadecerse por su horrible pérdida y hablar de su vía crucis interminable, con lo cual los demás se iban sintiendo paulatinamente más incómodos y se alejaban de ella. Hacía pivotar toda su vida alrededor de la muerte de su hijo. Y ni siquiera a sus otros hijos o a su pareja les dedicaba la atención que merecían.

Este ejemplo de las dos madres ilustra a la vez el camino del dolor y el camino del sufrimiento. Vemos que quién logra integrar lo difícil, atravesar sus duelos, enriquece la vida. Al revés, quién se queda anclado en sus gemidos, se mira tanto a sí mismo que sus ojos ya no pueden contemplar a los demás ni a la realidad circundante. A todos nos golpea la vida de alguna manera, nos zarandea sin contemplaciones en algún momento. Pero la pregunta clave sigue siendo ¿qué actitud vamos a tomar? ¿Dónde haremos desembocar el duelo terrible que nos hinchó de furia y desconsuelo?

Otro asunto suplementario, aunque no menos importante, tiene que ver con que a muchas personas la desdicha les ha abierto la puerta a una vida más plena. «La desdicha abre el alma a una luz que la prosperidad no ve», reza una sabia frase que muchos han experimentado como cierta. Perder en un nivel puede ser ganar en otra dimensión. Cuando la vida golpea a las personas con reveses terribles, a veces se abre una ventana a una realidad transpersonal, a la comprensión de que somos guiados por una voluntad mayor, a una confianza renovada.

A través de lo no deseado se manifiesta la sabiduría oculta. Por ejemplo, la persona que cae deprimida puede descubrir en su proceso que tiene que cambiar de trabajo o que su vocación es otra o que necesita un cambio de vida. O la persona que sufre una enfermedad puede comprender que necesita estar más presente para sus hijos, o que tiene que separarse. Además, cuando las personas han experimentado un gran dolor ya no necesitan tanto la coraza del yo para defenderse. ¿Para qué, si ya fueron heridas? Pueden quitarse la armadura y convertirse en personas más abiertas, confiadas y confiables para los demás. De manera que en las heridas asumidas radica la posibilidad de soltar las corazas que se mostraron inútiles y volvernos desnudos y abiertos de nuevo, como niños vibrantes con la vida.

Cuando el pequeño yo no logra gobernar su pequeña nave y se rinde, recibe el regalo de un dicha desconocida.

LOS DESAFÍOS DE AMAR LO QUE ES:
LA HUMILDAD

El gran amor nos reta a amar no únicamente lo que nos conviene, lo que resulta agradable o querible para el pequeño yo. El amor desprendido, generoso, nos expande en todas las direcciones, principalmente en las que nos llevan más allá de nosotros mismos. Entonces damos el salto desde lo que nos encaja o nos gustaría a lo que es. Y en el gran amor hay retos increíbles. Jesús ya lo decía: «Ofrece la otra mejilla». Lo que significa: depón tus armas, confía, entrega y entrégate. Alguien se ocupa. Alguien sabe más que tú.

Entonces, ¿cómo amar, en un hijo que perdimos, su muerte como parte del destino que le tocó? ¿Cómo amar, en los que fueron nuestros amigos, sus traiciones? ¿Cómo amar, en nuestro cuerpo, su parte enferma? ¿Cómo amar, en el mundo, las guerras? ¿Cómo aceptar nuestra necedad o la de los que nos rodean, cuando la exhibimos o la exhiben? La respuesta es: comprendiendo que no hay otro remedio y asumiendo nuestra pequeñez ante el espíritu creador. Rindiéndonos a lo que es, a su incomprensible misterio. Haciéndonos insignificantes para mecernos en los grandes brazos de la vida. Siendo humildes.

Harold S. Kushner, rabino judío afincado en Nueva York, escribió un hermoso y trascendental libro llamado *Cuando a la gente buena le pasan cosas malas*. Es un libro que me conmovió y me hizo reflexionar. El autor cumplía, dentro de su comunidad judía, la función de guía y asistente espiritual. Visitaba a las familias y a las personas que se encontraban en dificultades, en ciertos momentos, por pérdidas, por desencuentros, por conflictos, por separaciones, por dramas familiares, etc. con la intención de reconfortarlos, y también participaba en sus alegrías: bodas, nacimientos, fiestas, etc. Este hombre tuvo un hijo al que diagnosticaron, cuando tenía aproximadamente un año, progeria, una grave enfermedad que comporta un envejecimiento precoz y cuyo pronóstico es definitivo. Suelen ser niños que mueren al inicio de la adolescencia, ya con aspecto de ancianos. En el libro, el rabino analiza y se interroga respecto al hecho de qué hacemos las personas buenas cuando nos ocurren cosas malas. Hace un recorrido por las múltiples variantes de encarar la desgracia, en especial en lo referido a la perspectiva religiosa de los creyentes que contemplan la idea de que Dios les trajo la desdicha con algún supuesto objetivo, o quizá para purgar algún mal que no asumen. Analiza cómo nos culpamos, cargando con la idea de que hubiéramos podido hacer algo diferente, o culpamos a Dios o a los demás, o nos entregamos a la amargura, a la derrota, a la furia, al desdén, al nihilismo, a la desazón. Pone en evidencia cómo tratamos de buscar explicaciones que den sentido a lo ocurrido. ¿Por qué? ¿Por qué a mí? ¿Qué he hecho para merecerlo? ¿Qué sentido tiene? ¿Qué debo aprender con lo que ha sucedido? ¿Qué prueba es esta? ¿Por qué he tenido que enfermar yo? ¿Por qué a mí me ha tenido que tocar este hijo? ¿Qué he hecho mal para que esto ocurriera? Y mil etcéteras. Enseña cómo, cuando a la gente buena le ocurren cosas malas, tratamos de explicarnos lo que ha sucedido porque necesitamos esa *explicabilidad*. Y las explicaciones que creamos con nuestros pensamientos sobre las cosas tienen una pretensión balsámica. Las teorías son como chupetes, las utilizamos para calmarnos, para mitigar el peso de los hechos, para suavizar el extenuante malestar que experimentamos. Pero no necesariamente para acercarnos a la verdad.

La conclusión más interesante del libro es que las cosas pueden ocurrir, y ocurren muchas veces, porque sí, sin obedecer a ningún plan ni propósito, sin explicación alguna. Son azarosas. Simplemente han ocurrido porque han ocurrido, sin más. Sin ningún plan de Dios, ni ningún objetivo. Sin apuntar a ninguna diana. Y este es el gran abismo que enfrentamos, que nos devuelve a nuestra pequeñez.

La vida nos desafía con su misterio. La *explicabilidad* es una forma de afrontarla, a través de las narrativas que construimos. La otra es la acción justa para intervenir de la mejor manera y cambiarla cuando nos es posible. La última es la humildad. El misterio de lo que es nos impone, a veces, humildad, y el reto de amarlo para que la vida prosiga con fuerza, por muy arduo que resulte en ocasiones.

En el trabajo terapéutico, gestáltico o de constelaciones familiares, me he confrontado muchas veces con madres o padres que han perdido a hijos y no pueden llegar a aceptar su muerte, aun comprendiendo que forma tan parte de su destino como el color de sus ojos. ¡He visto tantas veces que una madre quiere irse con el hijo que ha perdido, porque siente la atadura y el vínculo, porque no soporta el sufrimiento del destino de este hijo que ha muerto! En cambio, es muy común que el hijo muerto, en la silla vacía gestáltica o en la constelación, se comporte como alguien que está bien, que está de acuerdo con su propio destino de haber muerto, y sonría a la madre, deseándole que esté bien, que se oriente a la vida. También al revés es muy común: hijos que desean seguir a sus padres a la muerte, que no logran sujetarse con fuerza a la vida, que coquetean con el trampolín de su final.

La medida del amor hacia un hijo es amarlo exactamente tal como es, con todo lo que es, con todo lo que vive, con todo lo que le ocurre y con su propio destino. Lo cual también valdría para los padres y para las parejas, pensándolo bien. Pero, ¿cómo viven unos padres a su hijo esquizofrénico, por ejemplo? ¿Cómo viven los padres al hijo que tiene graves disminuciones, o al que padece progeria y, por tanto, lleva en la cara una muerte anunciada? ¿Cómo se puede asentir a esta realidad, cómo se puede tener la humildad y la entrega como para poder decir sí, así es y así lo tomo, y le doy un lugar en mi corazón, y lo convierto en llave que me abre espacios desconocidos de vida y experiencia? Es difícil y nos resistimos. No obstante, cuando la madre puede mirar en los ojos de este hijo y respetar su destino, cuando puede, de esta manera, darle un buen lugar en el corazón, algo se libera. Y el duelo se completa con la alegría que regresa.

Esto nos lleva de nuevo a la humildad, a reducir nuestro tamaño para darle un gran tamaño a la vida tal y como se manifiesta, a nuestros hijos o padres tal y como son, a lo que es tal como es. Al final, el gran reto del amor supone rendirnos al misterio y amar lo que es, a pesar de que todavía no adivinemos en ello ningún sentido. San Pablo dijo: «Ya no soy yo quién vive, sino Él, que vive en mí». Y es que, ¿somos nosotros quienes vivimos o es la vida viviendo a través nuestro?

IV
Amar lo que somos

«El ser humano es como un albergue.
Cada mañana llega alguien nuevo.
Este es una alegría, este otro es tristeza,
allí viene la mezquindad
y aquí una chispa de comprensión.
El pensamiento oscuro, la vergüenza, lo malicioso,
puedes encontrarlos a la puerta, sonriéndote;
invítalos a entrar.
Sé agradecido con quien viene,
porque cada uno ha sido enviado
como un guía desde el más allá.»

RUMI

¿QUIÉN SOY?

¿Quién soy yo? Esta es una pregunta crucial que, en distintos momentos a lo largo de la vida, todos nos formulamos, y cuya respuesta se va desplegando en capas sucesivas de pensamientos y, por encima de todo, de experiencia y comprensión interior. El gran sabio hindú Ramana Maharshi proponía mantener la constante de esta pregunta, a modo de eco en todo nuestro ser, como ejercicio de indagación para acceder a la verdad interior definitiva. Confrontada por esta pregunta, la persona suele responder inicialmente de una manera tan automática como periférica a su verdadera naturaleza. Contesta acerca de aquello que cree que es, de los conceptos con los que se identifica, de su manera de ser, de su identificación de sexo, o de posición social, o de sus roles como hijo de o padre de o esposo de. Contesta con meros atributos acerca de sí mismo. Es lo que se puede denominar auto concepto y atributos de identificación personal y social; en definitiva, lo que habitualmente llamamos la identidad. Por lo menos la identidad histórica y conceptual.

Esta identidad es el conjunto de vivencias físicas, emocionales y mentales, valores e identificaciones, rasgos, creencias y características a través de las cuales nos reconocemos como individuos singulares. Vienen de nuestra historia personal, de nuestras experiencias, aprendizajes, y también de la cultura y códigos de nuestras familias de origen y de nuestro grupo cultural. Constituye lo que llamamos yo y se manifiesta en expresiones del tipo «yo soy...». Decimos yo soy esto o aquello, soy alto o bajo, rico o pobre, seguro o inseguro, abierto o cerrado, niño o adulto, hombre o mujer, chileno o congoleño. En general, defendemos esta entidad a la que llamamos yo o ego (nuestra red de identificaciones) y tratamos de que se abra camino sin heridas y sin que se la cuestione. Tratamos de preservarla porque es lo que nos identifica y nos ha ayudado a posicionarnos en la vida. Es lo que creemos que nos concede un lugar estable en el mundo. Es lo que construye la trama de una identidad con sentido del tiempo, con pasado y futuro, cristalizada y previsible.

Sin embargo, el objetivo de la pregunta «¿quién soy?» es descubrir que no es posible encontrar una identidad definitiva e inamovible, que el mundo de las identificaciones, las vivencias y las formas está en constante movimiento. Todo cambia y todo se mueve. Nuestros pensamientos van y vienen, nuestros sentimientos también, nuestras conductas son cambiantes. Nuestros roles, que parecen tan fijos, como por ejemplo ser madre de, o primo de, o jefe de, carecen de la fuerza de una identidad realmente esencial. Incluso ser hombre o mujer, que parecen identificaciones tan sólidas, biológicas y definitivas, no dejan de ser categorías conceptuales a la par que simples vehículos que la vida designa para cada uno. Por lo demás, son fenómenos que dibujan un traje con el que vivir, pero no nos dicen nada acerca del sastre ni de la fuente que todo lo crea. No responden a lo esencial.

Después de formularnos repetidamente esa pregunta, y tal vez fatigados de nuestras identificaciones efímeras, quizá nos demos cuenta de que el *ego* no tiene existencia intrínseca inherente, o sea, independiente de los atributos que le fabricamos con nuestro pensamiento. Podemos descubrir que el yo es una fabulación de la mente, aunque la experimentemos como muy fehaciente. Y quizá, lentamente, nos vayamos interesando por la búsqueda de un ser más real y permanente.

Empezaremos entonces a atisbar un ser vacío que atestigua todas las formas que existen. Es decir, la respuesta final a la pregunta «¿quién soy?» nos remitirá a una experiencia trascendente y espiritual: ser en estado puro, con independencia de las formas que toma nuestro vivir. Ser en estado puro, tanto si somos buenos o malos, hombres o mujeres. Cuando Moisés le pregunta a Yahvé, «¿quién eres?», la respuesta es indudable: «Soy el que soy». No contesta diciendo soy esto o soy lo otro. Contesta, simplemente, «soy». No hay identificaciones.

Ser quiénes somos y conocernos apunta por lo menos a dos vertientes. Una trascendente, en la que somos algo que nos iguala y nos contacta con la fuente de la vida, con independencia de sus registros. Es la vertiente espiritual. Es el Ser. En ella estamos confiados y entregados a algo más grande que el yo.

La otra es la vertiente de la identidad que encarnamos en el mundo, de la personalidad que creamos y que necesitamos para vivir. En ella nos sentimos seres individuales con fecha de nacimiento, filiación, pertenencia, conciencia de yo, proyecto y destino de vida, e idea de un final personal del que no sabemos fecha ni hora pero del que tenemos clara certeza. En esta identidad conviven la esperanza, la alegría y el anhelo junto con la tristeza y la desesperanza. Es el espacio de las preferencias y de los sentimientos. Es la trama del vivir y del responsabilizarse de la propia vida.

Esta identidad es un vehículo; nos permite ir aquí y allá y nos abre caminos en la vida. Esta identidad nos extiende, nos agranda y nos ubica: pasamos de hijos a esposos y padres, de alumnos a profesores, de aprendices a maestros, o cambiamos de roles y funciones para ubicarnos en el contexto que toque. Sin embargo la identidad también puede ser una cárcel que nos limita, cuando nos deja fijados en la inflexibilidad de tener que ser de una cierta manera. Entonces en lugar de extendernos nos retrae. Nos quedamos en posiciones estereotipadas, siempre hijos o siempre maestros o siempre seguros o siempre simpáticos. La mejor identidad, y por tanto el mejor vehículo, es aquel flexible, adaptable y conectado a los requerimientos y necesidades de la realidad, del momento y de los contextos. En ajuste creativo con el entorno, tal como expresa la teoría de la terapia Gestalt. En ciertos contextos podemos ser padres, en otros hijos, en otros seguros y expansivos, en otros atemorizados.

De pequeños hicimos aprendizajes que nos convenían. Aprendimos que era mejor ser de una cierta manera, ponerle una cierta cara a la vida. Así nos sentíamos más seguros y más queridos, por ejemplo cuando nos comportábamos de una manera que gustaba a nuestra familia o a nuestros padres, o cuando *éramos* como ellos. Sin darnos cuenta aprendimos a apostar por ciertos valores, creencias, conductas y guiones de vida. Algunos dijeron inconscientemente: me va mejor cuando soy obediente, o rebelde, o quejoso, o llorón, o me muestro tímido y no hago ruido, o líder, o perfecto... Y fuimos construyendo una cierta identidad. Un traje adecuado para abrirnos camino, para tener un lugar.

A veces escuchamos que alguien dice «soy débil» o «soy fuerte» o soy así o asá. Cuando hace estas afirmaciones, la persona trata de extenderse con una idea acerca de sí misma, pero por otro lado se limita, se contrae en esa misma idea de sí misma. La principal tarea en la vida es extenderse en todas las direcciones, reconocerse en todas partes. Esto es el crecimiento. Por eso muchas veces es necesario cambiar y salir de los estrechos límites marcados por la identificación con ciertas características de nuestra personalidad para lograr el desarrollo deseado. Porque la vida requiere de la fuerza en ciertos momentos y contextos, y de la debilidad en otros, de la ternura tanto como de la dureza, de la inteligencia en ciertas cosas como de la ignorancia y torpeza en otras. Así la identidad se extiende en todas las direcciones. Hunde sus raíces en el Ser en estado puro y sin forma, una especie de punto cero desde el que se despliegan todas las manifestaciones y registros.

Somos en verdad el ser que nos anima, vacío, atemporal e infinito, y además todas las formas que encarnamos y vivimos. Todas ellas vienen a enriquecer nuestra personalidad. Así que aquellos que quieren tener un perfil muy definido y constante, estable, corren el riesgo de convertirse en máscaras de sí mismos. Por el contrario, aquellos que cultivan el arte de la flexibilidad siempre parecen nuevos, creativos, sorprendentes y ajustados a lo que cada momento requiere.

AUTOESTIMA

Dichosos los que se encuentran en paz consigo mismos. Felices los que han dejado de pelear contra sí mismos, contra algunas partes internas o algunos yoes inoportunos, que se les presentaban en ocasiones como huéspedes molestos, de improviso y sin invitación, irrumpiendo sin contemplaciones en sus escenarios de vida, en forma de celos, envidias, rencores, quejas, gritos, violencias, etc. Bienaventurados, pues, los que ya no necesitan rechazar a ninguno de sus aspectos internos, nada de lo que les constituye, ni siquiera lo que sienten como molesto, inadecuado, desagradable, o lo que resulta difícil de soportar en algún momento. Han trabajado en ellos mismos. Se han afanado en comprender y han integrado lo aparentemente rechazable. Lo que parecía oscuro y plomizo lo hicieron refulgir como aprovechable y dorado. Se sometieron al reto de la alquimia interior y fueron transformados: lo aparentemente negativo se convirtió en recursos para la gracia de su aceptación, la gran llave maestra.

Han logrado algo importante y además muy popular: la tan preciada autoestima.

Autoestima significa amar lo que somos tal como somos a cada momento, con lo que emerge en nuestro cuerpo, en nuestros sentimientos, pensamientos, sueños, conductas, anhelos y recuerdos. Autoestima es amar y abrazar lo que cada momento trae y regala a nuestra experiencia. Es amarnos dándole un buen lugar en el corazón a todo lo que nos conforma. Consiste en incorporar esta actitud a cada instante de nuestra experiencia como un código de respeto a uno mismo.

Para ello, debemos comenzar por despedirnos del ser ideal que nos gustaría encarnar. ¿Cuántos piensan todavía que autoestima es amar el personaje perfecto que imaginan que deberían de ser en lugar de lo que son? Pues no, así no va. Algunos piensan: «Me querré cuando no sienta más vergüenza, o inseguridad, o culpa, o impulsos agresivos, o haya logrado el éxito en...». Y mil condiciones. Algunos quieren al que imaginan que pueden llegar a ser. De este modo, se olvidan de quererse tal como son ahora mismo: el único momento en que realmente pueden hacerlo. Y sufren: gran parte del dolor del mundo consiste en pretender ser o tener algo distinto de lo que somos o tenemos.

Es cierto que todos necesitamos tener visiones de nuestro futuro, elaborarlo, soñarlo. Sin duda, facilita nuestro andar saber hacia dónde nos dirigimos. El cerebro necesita pensar el mañana y tener claridad sobre la persona en que deseamos convertirnos y lo que deseamos vivir, para atraerlo, para avistar las señales en el camino que nos indican que estamos cerca o lejos de ello, para que se pueda cumplir. Esto se llama construir futuro, enseñarle al cerebro el lugar hacia el que queremos ir. Consiste en formular objetivos, en lanzarle a la vida nuestros anhelos más queridos. Es correcto y es necesario. Pero una cosa es crear futuro con nuestros pensamientos y otra huir de un presente insoportable que no logramos apreciar. Amarse a uno mismo significa apreciar cada instante con lo que contiene, sea lo que sea, incluyendo por supuesto los recuerdos y también las imágenes y fantasías del futuro. Podemos querernos únicamente en cada momento por una simple razón: sólo existe cada momento. El ahora.

Algunas personas se complacen ocultamente en ser náufragos de sus remordimientos, resistiéndose a apreciar lo que en el pasado hicieron, pensaron, dijeron, etc. Se niegan a tomar y poseer su historia. Quieren al que debería de haber sido, no al que fue. Quisieran un pasado sin máculas ni errores, a la medida de la imagen idealizada que se cultivan para ellos mismos. Así pierden la oportunidad de asumirse con todo lo que fue y sentir su dignidad, incluso en la culpa por lo que hicieron mal, por sus errores, o por el daño que hicieron. Pierden la oportunidad de aprender. No incorporan en sí mismos lo difícil. Lo niegan como los niños que dicen «yo no fui» y pretenden inocencia. Se desconectan de su fuerza y de su centro. Y así, repito, no va.

Todo es ahora. Incluso el pasado y el futuro no existen más que como creaciones de nuestro pensamiento actual. La mente crea la idea del tiempo. De esta manera es más fácil gestionar con éxito la realidad práctica, los requerimientos profesionales, relacionales, cotidianos. Pero quizá no sea el mejor camino para gestionar la felicidad, que sólo es amor natural al presente. El presente tiene la cualidad de ser, en él lo que es, es, y el amor no tiene otra función que la de reconocer lo que es. Amor es reconocimiento de la realidad.

Lo que sí funciona es responsabilizarse de lo que uno vive y experimenta a cada momento, y aprender a hacerle espacio, a observarlo y vivirlo con benevolencia, por difícil que sea, a sacarle partido. Lo que funciona es asumirse, y asumirse significa aceptarse y quererse.

La autoestima no mira al personaje ideal que fantaseamos, mira al ser real que somos.

Alguien dijo «no soy perfecto, pero soy real». Lo único que podemos amar es el ser real que somos. Lo otro son fantasías que perpetúan la guerra interior contra los aspectos que no nos gustan de nosotros mismos y que tratamos de destruir (casi siempre infructuosamente) y sustituir por los que sí nos gustan.

Hellinger tiene una bonita frase al respecto: «Sólo podemos amar lo imperfecto». Yo interpreto esta frase como un canto a la realidad de lo humano. La cualidad esencial de lo humano es su propia imperfección. La esencia de lo humano la encontramos, por supuesto, en lo sublime, pero también en lo aparentemente burdo o negativo. ¿Quién sabe si la auténtica perfección es exactamente lo imperfecto que todos somos? Así que quizá somos perfectos en nuestros defectos, en nuestras maneras torpes, en nuestro subterráneo freudiano (donde rugen los más temibles -en apariencia- rostros del instinto y el desenfreno). La clave es mirarlos de frente, tomar conciencia y darles lugar; a continuación aprovecharlos al servicio de la vida, ya que, de hecho, pertenecen a la vida. «Para volverte sabio debes aprender a escuchar a los perros salvajes que ladran en tu sótano», escribió Nietzsche.

Todo lo humano nos pertenece en alguna medida, todo nos corresponde en la dosis justa. Nada nos es ajeno. En consecuencia, lo que rechazamos en nosotros, lo convertimos en ajeno. Técnicamente se llama proyección. Se lo asignamos a los demás, se lo adjudicamos a nuestra pareja, amigos, socios, etc. en un inmenso teatro interpersonal repleto de equívocas pasiones humanas. Cuando enajenamos lo que nos pertenece nos alejamos de nosotros mismos. Cuando desviamos lo propio hacia los demás nos empobrecemos (además de sufrir embrollos en nuestras relaciones).

Muchas técnicas y formas de ayuda, en especial la terapia Gestalt, proponen reposeer aquellos aspectos que habíamos desplazado hacia los demás. Al hacerlo se produce el crecimiento. Al retomarlos como propios y aprender a amarlos nos hacemos más reales. Ganamos grandeza, amplitud, solidez, espacio interior. Empieza a soplar la libertad de ser lo que somos y sentimos, la felicidad de estar cómodos en nuestra piel.

¿CIRUGÍA DE LA PERSONALIDAD?

La realidad representada y conceptual en la que vivimos, creada y ordenada por el yo, que la piensa, se articula a través de los opuestos y las diferencias. Hacer diferencias es la matriz de conocimiento más primaria y la operatoria matemática fundamental. Cuando las cosas ya no son únicamente lo que son para su contemplación, al adentrarnos en el mundo conceptualizado y en los mapas mentales, aprendemos, por ejemplo, que alto es diferente y opuesto a bajo, que rojo es distinto pero no opuesto a blanco o a negro, que un sí es lo contrario de un no. Pensamos en díadas de experiencia con una mente esencialmente binaria que, luego, establece tablas, escalas y gradaciones. Nos dice Thich Nhat Hanh: «Nuestra mente es como una espada que corta la realidad en pedazos, y después actuamos como si cada pedazo de realidad fuera independiente de los otros».

Por tanto, la vida conceptual se aleja de la unidad y crea la dualidad, que se articula por diferencias y opuestos. En este sentido, forma parte del juego del vivir esta alternancia de las cosas, de las experiencias y de los sentimientos. Nada se detiene. Todo cambia. Cada cosa ocupa su lugar y su función. Nada permanece por mucho tiempo en su estricta forma, sino que tiende a transformarse, a dejar paso a su contrario. Ya nos enseñó Heráclito que no es posible bañarse dos veces en el mismo río. Lo único constante, en la vida, es el cambio. Estamos hechos de múltiples formas y manifestaciones, de un gran repertorio de resonancias. Somos una gran fiesta. Sin embargo, siempre hay algunas características que preferimos y quisiéramos detener, volviéndolas estables, fijándolas para siempre. Dentro de cada uno vive un niño que quisiera tener el bisturí, o las tijeras, para hacer una cirugía o un recortable de su personalidad, para crearse a la medida de su autoimagen, de sus deseos y de su necesidad de supervivencia, en sintonía con su anhelo de pertenecer y ser amado dentro de su grupo. De alguna manera todos quisiéramos cristalizar en algo, parar el tiempo, detener el inexorable proceso de los acontecimientos. Con ello buscamos la seguridad donde no existe: en la idea de un yo estable. Lo único que podemos hacer es encontrar conformidad en el reto de navegar en el flujo caprichoso de las cosas.

Al parecer, todos estamos dispuestos a emprender negocios con nuestra alma, esencialmente amorosa e inclusiva, para entrar en el código de la exclusión y diseñar una personalidad maravillosa para la tramoya de la vida. Decimos: soy, o debería de ser, simpático, inteligente, afable, astuto, o lo que sea que cada uno valore, y no soy cruel, ni inseguro, ni confuso ni cualquier aspecto que uno desprecie. A continuación, pensamos que de este modo seremos más queridos, pero sólo estamos estrechando nuestro abanico de opciones, nuestro repertorio de maneras de estar en el mundo. Exponemos el

Alma a la tentadora oferta del diablo, que nos promete mayor control sobre nuestras vidas si somos *alguien*. Sin embargo, el resultado es un purgatorio constante: perdemos de vista el instante porque hemos dormido nuestro Ser en una especie de autoencantamiento de nuestra personalidad. Hemos sido seducidos por nuestras ideas sobre nosotros mismos, por aquello que creemos ser.

Está claro que la cirugía que pretendemos de nuestra personalidad viene del amor a los demás y de la necesidad de sentirnos queridos, pero paradójicamente lesiona el amor hacia nosotros mismos. Pues aquello que tratamos de amputar en nosotros también es digno de ser amado. Cambiemos de paradigma: no hay una personalidad positiva y una negativa. Hay sólo lo que es a cada momento. Lo que somos a cada instante.

Asentado en el reverso de lo que deseamos se encuentra lo que desterramos de nuestro corazón, esperando su oportunidad para tener su lugar. Y cuando una fuerza, una tendencia, ha sido largo tiempo rechazada, llega cabreada, dispuesta a desbordar, a molestar, a dar guerra. La agresión puede convertirse en violencia. El deseo sexual en descontrol. La envidia en insolencia miserable. La ternura en dependencia. La vergüenza en humillación. La culpa en depresión. Y mil etcéteras.

Es más peligrosa una agresividad no reconocida, pues no la manejamos y fácilmente puede convertirse en violencia. Por el contrario, la agresividad asumida puede ser encauzada sin llegar al daño. Todo puede emerger a la conciencia, a nuestro ojo observador. Así lo podemos gestionar con responsabilidad, ya que lo que permitimos que tenga su espacio en nuestro interior podemos manejarlo. Lo que escondemos y queremos destruir nos maneja a nosotros. Amputar no funciona. Extirpar no es posible. Sólo es posible mirar, reconocer, apreciar y gestionar de la mejor manera. ¿Cómo se reconoce la mejor manera? Es muy simple: la mejor manera nos integra y beneficia, enriquece y ennoblece, y no sólo a nosotros, también a los demás y a la vida. La mejor manera se asienta en la conciencia del ser y embellece la vida. Es inclusiva.

Ante la sugerencia de recibir psicoanálisis para afrontar la terrible ansiedad que a rachas padecía, se atribuye a Rilke la siguiente frase: «Temo que si me quitan mis demonios se puedan morir mis ángeles». También Nietzsche nos brindó la bella imagen del árbol que se levanta más alto y vigoroso hacia el cielo cuanto más hunde sus raíces en lo profundo de la oscura pero fértil tierra. ¿No será que lo que vive en la oscuridad de nuestro interior constituye el fertilizante de nuestra creatividad, el invisible impulsor de nuestros caminos, la motivación de nuestros valores y logros? ¿No son acaso nuestras heridas las que guían, a menudo, aquello esencial que se convierte en nuestra misión para la vida? Tal vez no se trate de expulsar los demonios, sino de convocarlos al servicio de la vida. Llegar, tal vez, a cabalgarlos como si fueran potros adiestrados.

El primer paso para cambiar lo que se pueda cambiar consiste en apreciar lo que ya es, en reconocer lo que vivimos tal como lo vivimos. Muy a menudo digo: la primera regla de la ayuda consiste en amar lo que queremos cambiar, lo que nos hace sufrir, lo que nos atrapa. Luego, si es pertinente o necesario, encontraremos el modo de retirarle su fuerza, lo removeremos, lo reorientaremos o lo diluiremos. Pero el primer paso es rendirse ante la realidad difícil para poder transformarla, hacia la realidad que deseamos, hacia lo que anhelamos, hacia lo que necesitemos aprender. Siempre, claro, que sea posible y nos fortalezca más que nos debilite.

El gran tema de este libro, al fin y al cabo, es el viejo asunto de la voluntad frente al destino, de los designios del pequeño yo personal frente a los dictámenes de la gran voluntad, de la gran inteligencia definitiva.

LOS ÓRDENES DEL AMOR EN EL ALMA PERSONAL: DE UNA GESTIÓN *EGOLÓGICA* A UNA ECOLÓGICA

La terapia Gestalt, creada por Fritz Perls, es conocida por su metodología insistentemente centrada en la toma de conciencia de la experiencia del momento presente, tanto del mundo externo como del interno, tanto del cuerpo como de los sentimientos y de las producciones mentales, ya sean pensamientos hablados o imágenes. Apunta a convertir a la gente en personas reales más que en seres de cartón piedra, como decía el propio Perls. Trabaja para que uno pueda sostenerse en sí mismo y en su realidad, sin manipular a los demás o sin porfiar, cual víctima, contra la realidad porque no se ajusta a sus deseos personales. Es una terapia llena de sentido común. Trata de expandir a la persona para que gane conocimiento y flexibilidad, y pierda compulsión y automatismos. De esta manera podrá adaptarse creativamente a su entorno y a sus requerimientos.

La terapia Gestalt ha explorado con mucho detenimiento nuestro universo personal, quiénes somos y lo que somos, y ha fijado su atención en la idea de que en cada uno de nosotros conviven muchos yoes: personajes, rostros, subidentidades, roles, voces, etc., y que todos encarnan algo significativo. Es decir, cuidan de alguna función útil para la persona: del equilibrio necesario, de abrirse camino en el mundo, de dar respuestas adecuadas. Cada yo se expresa de una manera: en los músculos, en la mirada, en el gesto, en la actitud, en la conducta, en los sueños. Somos muchos y bien organizados, tocados por una inteligencia mayor que preserva la vida. Incluso las partes interiores que parecen resistencias son (o fueron en su momento) asistencias para transitar situaciones difíciles.

Es como si hubiera un Alma personal constituida por todas las partes que nos componen, una red invisible que las conecta a todas, dentro de la misteriosa y particular lógica de nuestra personalidad. Así como, en un sentido relacional, hablamos del Alma familiar como una fuerza que une y dirige el destino de aquellos que la conforman y le pertenecen, en el mismo sentido podemos pensar en un Alma o sabiduría personal, que une y dirige el sentido y la función de todos aquellos aspectos internos que nos componen.

Y así como en el Alma familiar hablamos de los Órdenes del Amor que la rigen, tal como veremos en el siguiente capítulo, también en el Alma personal se podría pensar en dichos Órdenes del Amor en lo interno, cuyo reconocimiento facilitaría la salud y el bienestar de las personas. Tres serían los principales:

1. Todo lo que somos tiene derecho a ser

En la naturaleza no hay desperdicio. No hay basura ni deshechos, ya que en general, se transforman y terminan convertidos en fertilizantes. Todo lo que somos está al servicio de algo importante para nosotros o para la vida, y todos nuestros rostros y personalidades tienen un sentido y una función importante. En esta línea, vemos que nada puede ser desterrado sin consecuencias. Al igual que en el Alma Gregaria, en el Alma personal no se admiten las exclusiones. A veces nos peleamos contra ciertos sentimientos y tratamos de expulsarlos de nuestra experiencia, por ejemplo el dolor o la rabia. Pero, ¿lo conseguimos realmente, conseguimos que desaparezcan? No. A veces logramos dejar de sentirlos, nos anestesiamos, o empezamos a adjudicarlos a otras personas, o los retenemos como enemigos en el cuerpo, pero no son eliminados. Se visten con otros vestidos o dirigen su energía en otras direcciones. Así, el dolor se viste de culpa, o la rabia que no se integra puede llegar a enfermar nuestra espalda o cualquier otro órgano. Lo que excluimos nos persigue con otro ropaje, se manifiesta por otro canal. En cambio, puede difuminarse lo que ya cumplió su ciclo y su misión. Lo que permitimos cede. Lo que toleramos y transitamos cumple su función y así pierde su energía y nos hace más fuertes.

Todo lo que somos tiene el derecho de ser por la mera razón de que ya es. Pero, además, podemos desarrollar ante ello una actitud de reconocimiento y aprecio, que no necesariamente de agrado. Para ello se requiere madurez. En mi opinión, buscamos con demasiada compulsión lo que consideramos agradable, o nos alejamos con excesiva vehemencia de lo desagradable. Mi propuesta va mucho más allá: agradable/desagradable no es el criterio fundamental, lo que cuenta es nuestra capacidad de acoger todas las experiencias. Esto supone el desarrollo de cierta *neutralidad interior*, de cierto desapego, de sentirse como el haz de luz proyectado en la pantalla del cine con independencia de las imágenes concretas, que se entrelazan y constituyen la trama de la película, según la imagen que usaba a menudo Ramana Maharshi.

2. Nos gobierna una inteligencia mayor

Esta inteligencia superior se ocupa de que el cuerpo cumpla miles de funciones sin que nosotros hagamos nada voluntariamente. Mueve millones de células y neuronas, envía trillones de impulsos nerviosos a cada segundo, bombea sangre a través del ritmo del corazón sin que tengamos que controlarlo o decidirlo, nos hace respirar y tomar oxígeno para ventilar todo el cuerpo y regular la energía emocional y vital. En nuestro sofisticado laboratorio interior se suceden múltiples combinatorias sutiles, y alquimias que regulan, además de las funciones corporales, las anímicas, las afectivas, las relacionales e incluso las cognitivas.

La naturaleza tiene prioridad frente a la mente que la piensa. Esto implica que la mente más inteligente es la que sintoniza con nuestra propia naturaleza, la que se afana en conocerla y respetarla, la que puede alinearse con ella y rendirse ante ella. Sería imposible dirigir, a través de la mente consciente, los infinitos procesos que ocurren a cada momento en nuestro cuerpo y fisiología. Basta recordar la fábula del ciempiés. Alguien le preguntó un día cómo hacía para coordinar tantas patas y él se puso a pensar sobre ello. Dicen que desde entonces no ha vuelto a caminar.

Cuando la mente se levanta por encima de la natura, en lugar de navegar según su soplo y sabiduría, se multiplican los problemas. Cuando la mente se inmiscuye en los procesos espontáneos, ya sea la sexualidad, la respiración, las funciones corporales, el sueño, etc. estamos doblando la esquina que da a la calle del sufrimiento. Dicho de otro modo: los intentos de control de lo incontrolable producen su descontrol. Dejemos que la inteligencia mayor se ocupe; mientras tanto, limitémonos a descansar y a disfrutar. Por ejemplo, en el sexo es preferible seguir el impulso natural que surge en lugar de pretender llegar a algún sitio o complacer a alguien o conseguir algo, o tratar de emular las extrañas acrobacias y gimnasias que nos suministran las imágenes sin alma de la pornografía.

Hay millones de procesos que se dan por regulación espontánea, por inteligencia natural, pero parece que lo hayamos olvidado en un mundo tan estructurado, en el que cada asunto tiene su reglamento, su protocolo y sus especificaciones. Para no parecer estúpidos, paradójicamente, nos volvemos estúpidos. Todo tiene su paquete de reglas y de informaciones, su manual de instrucciones, pero nos falta el aprendizaje por la propia experiencia, lo que verdaderamente cuenta, lo que nos hace autónomos, intrépidos y humanos.

3. Las funciones más antiguas tienen prioridad

Al principio fueron los programas instintivos, el alimento, el sueño y los ciclos biológicos naturales. Después llegaron la caricia, el apego, el contacto con los demás, las relaciones y la socialización del espacio familiar. En seguida apareció el caminar, la postura erecta, y poco a poco el cerebro se fue mielinizando y desarrollando. Luego surgieron las palabras y las imágenes sobre la realidad (los elefantes, las mesas, los árboles, los pájaros, nuestros padres o nosotros mismos, y hasta realidades más complejas como el amor o la libertad), y las conexiones entre las cosas y el pensamiento abstracto y creativo. Y así, lentamente, nos encaramamos al universo racional.

Para la vida, para su supervivencia, lo anterior tiene prioridad respecto a lo posterior. El cerebro reptiliano, que se ocupa de los aspectos más instintivos, primarios y automáticos sostiene y precede el posterior cerebro mamífero (límbico), que regula los aspectos relacionales y emocionales más sutiles y refinados, y ambos desembocan en el desarrollo posterior del moderno córtex cerebral, racional y representacional, capaz de ordenar la realidad a escalas modificadas, anticipándola, pensándola. Capaz, para bien y para mal, de alejarnos de la tiranía del presente con sus sabores o sinsabores. En el córtex cristaliza la cognición en sus múltiples aspectos.

Este orden se transgrede cuando creemos que lo racional lo puede todo y lo convertimos en el caudillo o único regente de la persona, incluso al coste de lo más primario. Pero cuanto más nos identificamos con el imperativo de la voluntad y de las buenas razones, más se fortifica lo emocional o lo instintivo. Por suerte, en nuestro mundo se está dando actualmente una resensibilización hacia lo emocional y lo corporal, hacia la inteligencia instintiva.

Cuando nuestros distintos centros (corporal e instintivo, emocional y relacional, mental y cognitivo, y transpersonal o espiritual) se alinean y son capaces de reconocerse en el lugar que les corresponde, cuando se les respeta en sus funciones, las personas se sienten en armonía y paz. Claudio Naranjo habla de que somos tricerebrados y que una clave de la felicidad la encontramos en armonizar los tres aspectos internos, que también corresponden al mundo del niño (el amor instintivo regido por el placer), el mundo de la madre (el amor que cuida, compasivo, que rige las relaciones) y el mundo del padre (el amor como respeto y admiración, más cercano a la racionalidad). Todos ellos entrelazados por el espíritu, que actúa como misterioso elemento conector de todo.

Si tomamos, por ejemplo, la sexualidad, vemos que es un poder de los más primarios e instintivos, casi en la misma medida que el hambre y el afán por alimentarse. Son fuerzas gobernadas por el imperativo indiscutible de la supervivencia, a la que tiende todo organismo vivo. Sin embargo, ¿cuántas personas no han padecido terribles tormentos en su intento de ganarle la batalla a la sexualidad, dirigidos por altos y supuestamente virtuosos ideales? ¡Qué absurdos caminos!

Los grandes poderes no pueden ni deben ser vencidos (en todo caso encauzados). Pasar de una gestión interior *egológica* a una ecológica significa respetar estos órdenes. Imaginemos un gobierno interior a merced de la dictadura del *ego* y de sus pequeños intereses en el teatro de la vida. La gestión respetuosa de todo lo que somos es lo espontáneo, lo acorde con el deseo natural, con lo veraz, con lo que es. En Gestalt hablamos de autorregulación *organísmica*, que quiere expresar la fe en la regulación espontánea de los procesos vivos, que entregados a sí mismos llevan a un lugar bueno. No es necesario interferirlos con el *debería* o con los valores y aprendizajes incorporados, o con la represión de determinados deseos o fuerzas interiores.

Podemos pasar del *ego* al eco, del yo a las resonancias, de la voluntad a la regulación *organísmica*. Para ello hemos de comprender que somos un todo con sentido y unidad, y paralelamente tomar en consideración los órdenes y jerarquías de lo interno.

¿QUIÉN SUFRE?

Cuando sufrimos lo tenemos claro. Decimos yo sufro. Pero ¿es esto verdad? ¿No sería más pertinente investigar acerca de quién sufre en uno, qué parte o aspecto interior se encuentra contrariado o frustrado o herido? ¿Quién se lamenta adentro? Seguramente, cuando sufrimos se trata de que algún aspecto nuestro tiene intereses, identificaciones o perspectivas que no se cumplieron. Entonces decimos yo sufro, pero en realidad sólo sufre alguna parte nuestra.

Todo sufrimiento tiene su raíz en la vivencia de alguien (algún personaje interno) que se identifica con algo o protege algo, que levanta su voz y dice, por ejemplo, «cuidado, esto no me va bien», «esto debería de ser diferente», «cómo se atrevieron a hablarme así», «por qué no me quieren y tratan como merezco». Alguien adentro tiene ciertos intereses y piensa que debe protegerlos. En la lógica de esta parte interna, a veces, el asunto es incluso de vida o muerte.

Recuerdo una mujer, identificada en su imagen ideal como eficaz profesional, que había sido apartada del núcleo de mando y altas responsabilidades de su empresa. Y recuerdo la frase que me dijo un día espontáneamente: «Si no me dan valor yo no me puedo querer. Y así no puedo vivir». ¿Era aquello verdad? ¿*Así* no podía vivir realmente? ¿Moriría si, según ella, no le daban el valor que merecía? Por supuesto que no. Pero si era verdad para su lógica interna, para lo que ella había interiorizado en su crianza, en sus aprendizajes afectivos y en su historia personal. Tenía sentido dentro de la lógica de su apuesta existencial, que decía: «Los logros, el reconocimiento, dan sentido a mi vida». En el interior de aquella mujer seguía viviendo una niña que enfrentaba su vacío existencial y su hambre de amor con su eficacia y sus rendimientos. Pero sufría, pues todas las apuestas de este tipo hacen desdichada al Alma, que tarde o temprano plantea su crisis.

Todos hacemos apuestas existenciales y buscamos lo esencial en lugares equivocados: la justicia, la belleza, el dinero, el poder, el sufrimiento, la adaptabilidad. Sólo son apuestas, negocios con el Alma, que vendemos a cambio de un plato de lentejas que aparentemente calma nuestra hambre de Ser.

Sin identificaciones no hay sufrimiento. Para sufrir es necesario tener deseos o temores, filias o fobias, apegos o rechazos. Lo enseñó Buda y muchos otros cuya mirada es amplia y espiritual, y no únicamente psicológica. Sufrir es fácil: basta con que nos sintamos lejos de lo que deseamos o demasiado cerca de lo que rechazamos. Para sufrir se necesita creer que hay *alguien* ahí adentro que puede morir si las cosas no son como cree que deben de ser.

Una historia cuenta las peripecias de un avanzado buscador espiritual que acude a consultar a su maestro.

El aplicado y fervoroso discípulo se sentía impotente porque, a pesar de sus logros en liberar sus identificaciones para residir en el ser libre, no conseguía liberarse del dominio que ejercían sobre él las mujeres y el intenso deseo que le producían. Y el maestro le contestó: «Esto te pasa porque todavía crees que eres un hombre». Es decir, todavía estás identificado con el hecho de ser hombre. Y es que la absoluta libertad interior es radical: no queda nada a lo que agarrarse, no queda nadie que nos haga parecer alguien, nadie a quién defender. Cuando eso ocurre, nos sentimos vacíos, pero paradójicamente somos completamente felices.

Volvamos al inicio del apartado: ¿Quién sufre? Pues sufre el orgulloso o la víctima o el llorón o el que duda o el tirano o el asustado o el deseoso. Hay una galería de personajes que están dentro de nosotros, que conservan su energía e importancia, y uno de ellos o varios sufren. Al que sufre debemos mirarle a la cara, descubrir su edad, su rostro, su fecha de nacimiento, su ropaje. Tratar de entender su lógica, su dinámica, sus necesidades, su historia. Y establecer un diálogo con él. Hablarle y dejar que nos hable.

Así lograremos identificar mejor lo que le pasa, calmar sus temores, apaciguar su tormento. Y enseñarle que nada es tan importante. Que todo ocurre por la obra de la gran inteligencia. Que nada puede ser distinto de cómo es y que así está bien. Que puede deponer y soltar… su apuesta.

En el trabajo gestáltico son muy comunes los diálogos y confrontaciones entre distintas voces o personajes internos. Se llama silla caliente (en alusión clara al hecho de que quema) al lugar donde se sienta la persona que va a trabajar sus asuntos y solucionar sus problemas: el que se sienta ahí se ve llevado a exponerse, a enfrentarse a sí mismo y a su mundo, a cuestionarse e interrogarse. Complementaria a la silla caliente se encuentra la silla vacía, en la que se sienta imaginariamente cualquiera de los personajes en conflicto, cualquiera de los rostros disconformes o sufrientes, cualquiera de las partes que nos conforman. La persona va encarnando alternativamente sus distintas voces y esbozando sus conflictos en una especie de autodrama escénico. El objetivo siempre es el mismo: primero reconocer a las partes, desvelarlas como importantes en la compleja arquitectura de nuestra personalidad, y a continuación integrarlas como necesarias con lo que tengan que decir y aportar. En definitiva, hacerles un buen lugar. La experiencia demuestra que algunas partes, una vez escuchadas, reconocidas y apreciadas pierden fuerza y dejan de tomar protagonismo o de molestar, por la simple razón de que ya han cumplido su función. Por otro lado siempre está la tercera silla: la del observador neutro, la de la conciencia indiferenciada que observa el gran juego de nuestra personalidad, y sonríe.

En la silla vacía se puede sentar también cualquier persona de nuestro universo interpersonal: el marido, la madre, el jefe, los hijos. Cualquiera con quien deseemos avanzar en la resolución de algún conflicto. O también se pueden representar ciertos aspectos de la realidad, de los valores o de la vida: la muerte, la belleza, la culpa, la vergüenza... Cualquier cosa que necesitemos comprender mejor, clarificar o integrar.

Vista de esta manera, la terapia Gestalt es un susurro hacia lo sistémico, en el sentido de que se trabaja la relación entre la persona y su mundo interior, entre ella y otras personas de su universo interpersonal, e incluso entre ella y cualquier aspecto del mundo. La realidad está hecha siempre de relaciones, de nexos, de redes, de tejidos que nos conectan y vinculan. Todo es relacional. Absolutamente todo grita al universo sus mensajes y genera ecos inevitables en la inmensa red.

LA FIESTA DE LAS PARTES. LA INTENCIÓN POSITIVA

Lo que nos va concerniendo, en este capítulo, es la identidad, lo que somos, lo que nos constituye. Virginia Satir, pionera de la terapia familiar y el trabajo sistémico, ideó las técnicas de la escultura y de la reestructuración familiar, que son las precursoras del trabajo actual de las Constelaciones Familiares. También es muy conocida por sus trabajos sobre la autoestima y el respeto hacia uno mismo. Una de las técnicas que creó estaba dirigida a la integración de nuestro mundo interior con todas sus partes. Se llama la fiesta de las partes.

Imaginemos un enorme puzzle donde pudiéramos ver representada toda nuestra identidad y las dinámicas entre las distintas partes que nos constituyen. Algunas partes nuestras vienen como herencia psicológica del padre o de la madre, o de otros familiares, o de personas significativas en la crianza. También son maneras de ponernos ante la realidad y aprendizajes que nos sirvieron en nuestro pasado, o creemos que nos sirven en la actualidad.

Virginia Satir reunía a un grupo y hacía que el cliente eligiera a personas del grupo para representar los distintos personajes de su mundo interno. Una persona representaba a la parte rígida, otra a la histérica, otra a la cariñosa, a la dura, a la responsable, a la humilde, a la orgullosa, a la triste, a la insegura, a la simpática, etc., en un inagotable y rico carnaval interior de yoes. Entonces la persona podía ver plasmado en el espacio, en forma amplificada y escénica, el puzzle interior que le conformaba. El asunto no consistía en preguntarse: «Bien, ¿a cuáles tenemos que eliminar y a cuáles tenemos que potenciar?». Esto aún propagaría con más fuerza la guerra interior. Más bien se trataba de lograr un orden entre las partes. Sus preguntas iban dirigidas a la función y la lógica de cada parte en el seno de la persona y a la dinámica de colaboración, sostén o lucha con otras partes. Preguntaba a las personas representantes de yoes interiores, por ejemplo: ¿Tú de qué te ocupas, cuál es tu tarea para la persona? ¿Qué es prioritario para la vida y para el desarrollo de la persona? ¿Cuáles son las jerarquías entre las partes? A continuación también ponía a dialogar a las partes de manera que se comunicaban entre ellas y expresaban sus quejas, sus necesidades y deseos. Una parte podía decir, por ejemplo, «con mi inseguridad me ocupo de que la persona no se exponga a las críticas», y otra, la vehemente, podía replicar «pero de esta manera no logramos nada», y la conciliadora añadir «mejor no nos pongamos nerviosos». Se podía ver en cinemascope el funcionamiento interior de la persona, sus dinámicas interiores, y con el trabajo lograr el aprecio a todas las partes y el respeto por su función al servicio del bienestar de la persona.

Lo que generalmente se descubre de esta forma es

que todas las partes que nos componen tratan de conseguir algo bueno para la persona. La PNL (Programación Neurolingüística) lo llama «intención positiva». Es decir, todo tiene una finalidad buena, pretende algo bueno para la persona; lo equivocado son, a veces, los caminos. Por ejemplo, el gritón puede pretender, dentro de su lógica, conseguir afecto, ya que así lo aprendió, y por tanto más gritará cuanto menos afecto obtiene, pudiendo establecer un circuito vicioso desagradable sin fin.

A menudo encontramos en el seno de las personas ciertos caminos, valores y objetivos distintos que pelean entre sí; incluso parece que a veces haya un cierto despedazamiento interior, pero en el fondo vemos que les une el objetivo común de que la persona esté bien. Todas las partes de la persona, incluso las que parecen más extrañas, perversas o resistentes, pretenden, en su lógica propia, algo bueno para la persona. Todo, en última instancia, busca la felicidad.

Es muy común que la persona se identifique con algunas partes y desee que tomen el control y que otras pierdan, pero esta no es la solución. Este es el ardid que desea que la voz interna, a la que llamamos voluntad, se salga con la suya. La solución es que negocien, que colaboren, que se reconozcan.

Lo mismo que ayuda en nuestras relaciones externas también ayuda en nuestras relaciones internas: consideración, respeto, reconocimiento, perspectiva de lo positivo, búsqueda de objetivos comunes y humildad ante los límites. «Lo mismo adentro que afuera», reza un aforismo popular.

Cuando cada personaje interior puede tener el lugar que le corresponde y ocuparse sin trabas de la tarea que le concierne, la persona está cómoda en sí misma, se encuentra bien asentada y congruente, y ya no necesita caminar escondiendo o camuflando algunas de sus necesidades, vivencias o sentimientos, o tratando de ser una persona distinta de la que es, o imponiendo un personaje sobre otros. Gana flexibilidad y ajuste a la realidad, se vuelve más esponjosa y creativa.

POLARIDADES

Por tanto, nada nuestro nos es ajeno y cada vivencia cumple su cometido. Hay unos versos entrañables de Thich Nhat Hanh, incluidos en su poema *Llamadme por mis verdaderos nombres* (publicado por la Editorial La Llave con este mismo título), que rezan así:

«No digáis que partiré mañana,
pues aún estoy llegando.
Mirad profundamente; estoy llegando a cada instante,
para ser brote de primavera en una rama,
para ser pajarillo de alas aún frágiles,
que aprendo a cantar en mi nuevo nido,
para ser mariposa en el corazón de una flor,
para ser joya oculta en una piedra.
Aún estoy llegando para reír y para llorar,
para temer y para esperar.
El ritmo de mi corazón es el nacimiento y la muerte
de todo lo que vive.
Soy un insecto que se metamorfosea
en la superficie del río.
Y soy el pájaro
que se precipita para tragarlo.
Soy una rana que nada feliz

en las aguas claras del estanque.
Y soy la serpiente acuática
que sigilosamente se alimenta de la rana.
Soy el niño de Uganda, todo piel y huesos,
mis piernas tan delgadas como cañas de bambú.
Y soy el comerciante de armas
que vende armas letales a Uganda.
Soy la niña de doce años,
refugiada en una pequeña embarcación,
que se arroja al océano
tras haber sido violada por un pirata.
Y soy el pirata,
cuyo corazón es aún incapaz
de ver y amar.
Soy un miembro del Politburó
con todo el poder en mis manos.
Y soy el hombre que ha pagado
su 'deuda de sangre' a mi pueblo
muriendo lentamente en un campo de concentración.
Mi alegría es como la primavera, tan cálida
que hace florecer las flores de la Tierra entera.
Mi dolor es como un río de lágrimas,
tan vasto que llena los cuatro océanos.
Llamadme por mis verdaderos nombres, os lo ruego,
para poder despertar
y que la puerta de mi corazón
pueda quedar abierta,
la puerta de la compasión.»

Nuestros verdaderos nombres son todos los nombres: el de la alegría que hace florecer todas las flores de la Tierra entera y el del dolor que llena con sus lágrimas los cuatro océanos. Somos todos los nombres, y todo lo nombrado es encarnado en cada vida. Y nada nos es ajeno, porque todos somos uno, y entre todos encarnamos todas las fuerzas, todos los matices, colores, sabores, olores, y todas las sombras del vivir. Y dentro de cada uno conviven todos los rostros sin exclusión.

Lo más bello del poema es el canto a la compasión, a que la puerta del corazón quede abierta para poder despertar, para poder reconocer todos y cada uno de nuestros nombres, todas y cada una de nuestras realidades. Yo lo interpreto en la misma línea de lo que vengo diciendo: «Amar lo que somos sin exclusión». Y a continuación reconocer que lo somos todo, que todo nos concierne, que a todo le podemos abrir el corazón. De esta manera no necesitamos condenar a nada ni a nadie. En todo caso, como alguien dijo, para condenar a alguien por sus pecados primero tienes que cometerlos.

La alegría y el dolor conforman una polaridad fundamental, que guía y hace plenamente humano nuestro corazón, cuando nos abrimos a ambos por igual. En terapia Gestalt hablamos de polaridades como de arcos que extienden todo el espectro que va, por ejemplo, de la extrema dureza a la extrema suavidad. Dicho arco encuentra en su punto medio el centro indiferenciado donde es nada, eso es, ni asomo de dureza ni asomo de suavidad. Es experiencia sin forma, algo así como el núcleo espiritual de los asuntos, que no han devenido en formas manifestadas. En terapia Gestalt decimos que las personas se mantienen sanas y fuertes cuando logran extender su identidad en todas las direcciones, por lo menos como capacidades disponibles, cuando logran extenderse hacia la posibilidad de la dureza cuando ésta es necesaria y hacia la suavidad cuando es adecuada. Identificarse con algún aspecto en detrimento del contrario es parcelar y estrechar nuestra identidad. Además, cuando nos empeñamos en el predominio de un lado por represión de su contrario siempre resulta artificioso y poco natural. La persona compulsivamente dura, al no tener la posibilidad de la suavidad, hace que su dureza resulte ficticia, como un rictus facial que se ve obligado a perdurar en todo momento. Al revés, hay personas que no logran contactarse y usar la dureza, y entonces su suavidad resulta un tanto cargada y empalagosa. Una persona se desarrolla al máximo cuando puede compaginar ambas polaridades, cuando la suavidad convive con la dureza y ambas se manifiestan de forma genuina.

En el mismo sentido que el poema, crecemos cuando nos reconocemos en todas las potencialidades, cuando las integramos todas. De ese modo ganamos flexibilidad, disponibilidad, capacidad de reacción y de ajuste creativo a lo que el entorno requiere, a lo que cada momento necesita.

EL CUERPO COMO SANTUARIO DEL ALMA

Somos seres experienciales, y la sutil substancia de nuestra experiencia se fragua en nuestro cuerpo. En el cuerpo vivimos sensaciones, sentimientos, pensamientos y también la presencia de lo trascendente. El cuerpo es el laboratorio a través del cual el Alma se expresa y experimenta, un regalo material para nuestro personal y singular viaje a Ítaca. La residencia de lo biológico, lo hormonal, lo instintivo: nuestro santuario.

En el cuerpo nos confiamos a la gran inteligencia que lo gobierna, como refinamiento y logro de milenios y milenios en los que nuestra especie ha preservado y hecho evolucionar la vida. El cuerpo es la casa de la vida y el legado primordial de nuestros padres y nuestros ancestros, que a través de él nos entregan una vasta y útil información.

El cuerpo no se cuestiona a sí mismo. Sigue las reglas de su propia naturaleza. Nosotros, con nuestra voluntad, tratamos a veces de dirigirlo a la medida de nuestras ideas, que no siempre están en consonancia con sus necesidades. ¿Acaso el cuerpo está disconforme en ser como es? ¿Acaso está enemistado con sus enfermedades, cuando en realidad él mismo las crea, las acoge y hasta las lleva hacia la propia muerte? ¿Acaso el cuerpo está en contra de sí mismo?

El cuerpo es feliz cuando es apreciado y respetado, cuando es mimado y cuidado, cuando lo habitamos con gratitud, como una casa a la que damos nuestro toque personal y la convertimos en reflejo de lo que somos. Todos tenemos la experiencia de ir a la casa de un amigo o una amiga y descubrir complacidos que el espacio que habita le cae bien, le calza. O al revés, sentir que es un artificio, que con ella trata de parecer otro que no es.

La naturaleza tiene prioridad sobre la mente individual, que es una *mente* más sabia y vasta en la que podemos descansar. El asunto es sintonizar nuestra mente individual, nuestro pensamiento y voluntad, con la mente natural, con lo que la naturaleza crea y organiza, tal como es. El primer paso para sintonizar es escuchar y comprender el cuerpo. El segundo paso es dejarlo vivir en conexión con sus deseos más profundos y con lo que para cada uno es natural y armonioso.

Hay muchas formas de *sintonizar* con el cuerpo. En terapia Gestalt, por ejemplo, tenemos un ejercicio que consiste en imaginar que en la silla vacía sientas a tu cuerpo y en la otra sientas a aquel al que llamas yo (la voz dirigente), e inicias un diálogo. Dejas que el cuerpo, en contacto con su realidad, exprese todo lo que necesite hacerte saber. Desde el yo le contestas acerca de cómo lo vives. Después profundizas en el diálogo hasta que sientas que surgen el respeto y el amor, y que podéis cohabitar, que vais juntos en la misma dirección.

Otro ejercicio. Te pones en contacto con la parte del cuerpo que sientas doliente o molesta, la reconoces, la permites, la exageras incluso, e imaginas que te conviertes en ella. De esta manera, descubres qué forma tienes, qué tendencia o impulso, a quién te pareces cuando te conviertes en tu riñón doliente o en tu dolor de espalda o en el rictus de tu rostro. Y también qué te dices, cuál es tu mensaje, qué tienes que aportar, pedir, rogar, exigir, agradecer, reprochar.

Quizá (y ésta es una dinámica muy común cuando se trata de enfermedad) el miembro doliente o la molestia es una forma de conexión con alguien que no logras integrar. A menudo el cuerpo hace el trabajo que nosotros no hacemos, ama cuando nosotros despreciamos. Ciertos síntomas o enfermedades son intentos de ponernos en consonancia con aquellos con quienes estamos en disonancia. A menudo el cuerpo vive el otro lado de los asuntos que no nos animamos a vivir abiertamente: nosotros expresamos valor y fuerza, pero el cuerpo se quiebra como un pajarito que tiembla vulnerable y reclama protección.

En ocasiones los asuntos son verdaderamente difíciles, por ejemplo cuando se trata de personas que conviven con graves limitaciones, enfermedades o deformidades corporales. He trabajado con personas que padecían disminuciones físicas, o enanismo, o amputaciones o deformidades varias. En todas ellas he podido observar el enfado, la pena y las dificultades para sobrellevarlo. En todas he observado la comparación inevitable con la vida que hubieran podido tener, de ser otras las circunstancias. En todas he visto la pelea contra su destino, que toma muchas formas: enfado con los médicos, con Dios, con los padres, con la vida, con uno mismo; o culpas, o envidias, o exigencias y derechos. Al final, lo que los contacta de nuevo con la Gran Alma es una pregunta lanzada a sus profundidades: Si pudieras realmente elegir, ¿preferirías volver a empezar con otro cuerpo, con otro destino, con otra vida, o elegirías lo que ya tienes? La pregunta es crucial, ya que pone el dedo en el vértice de la autoaceptación o en el de la guerra interior. La persona, en contacto con su corazón y tomándose su tiempo, decide lo uno o lo otro a modo de juego interior. Por suerte, al menos en mi experiencia, la mayoría exhiben un punto de contacto con la realidad y de conexión profunda con su Alma y contestan que elegirían lo que ya tienen. Y esta respuesta es la prueba del amor a sí mismos, de que toman lo que la vida les ha traído como un rostro que les toca encarnar.

Incluso en personas con disminuciones aparentemente graves (que sufren por ejemplo por sus dificultades para encontrar parejas sexuales) surge el amor en algún momento. Y el guiño de la vida, que concede a cada uno las oportunidades que necesita para que su alma pueda florecer. Porque el Alma florece también a través de las vicisitudes del cuerpo, ya que su mejor y más poderoso amigo es la realidad. La realidad de cada uno de nosotros, tal como es.

V
Amar a todos los que son

«Pues yo os digo: Amad a vuestros enemigos y rogad por los que os persiguen». «Para que seáis hijos de vuestro padre celestial, que hace salir el sol sobre buenos y malos, y llover sobre justos e injustos».

Evangelio según San Mateo, 5-44 y 45.

«Mira, nosotros no amamos, como las flores, desde un solo año; nos sube por los brazos, cuando amamos, una savia inmemorial».

RILKE. *Elegías de Duino*. 3ª Elegía.

DE CORAZÓN A CORAZÓN

En una perspectiva de gran apertura interior podemos llegar a experimentar que todos somos uno y el mismo. Eso quiere decir que en todos y cada uno de los que somos, en todos los seres vivientes, en cualquiera de sus ademanes, conductas y destinos, atinos y desatinos, es posible encontrarnos a nosotros mismos. En la mirada de corazón a corazón el otro también es yo y viceversa, desdibujándose las diferencias. Si en cada ser humano llegamos a reconocernos a nosotros mismos, entonces los que sentimos como diferentes, o nos parecen opuestos, convergen y se igualan con nosotros (y nosotros con ellos) en otro plano más grande.

En este espacio amplio y fresco, nuestra actividad enjuiciadora cesa y la pretensión de ser estrictamente inocentes y buenos resulta inconsistente. Nos volvemos más reales y compasivos, en especial con lo que nos parece malo o imperfecto de nosotros mismos o de los demás. Aprendemos a amar lo imperfecto, eso es, lo real. Reconocemos en nosotros todos los rostros del vivir y de este modo crecemos.

La vida se expresa en mil formas singulares y distintas para cada uno, pero en definitiva a todos nos anima el mismo latido común, la misma llama, la misma raíz. Con este impulso compartido caminamos la marcha de nuestras singulares y particulares vidas.

Cuando hablamos de amar a los que son, podemos preguntarnos: ¿Y quiénes son? Y la respuesta es: Todos, sin excepción, pero muy especialmente los que pertenecen a nuestra Alma Gregaria; todos ellos, vivos y muertos, buenos y malos, inocentes y culpables, tiernos y crueles, alegres y tristes, todos aquellos con quienes estamos en resonancia por el poder de los vínculos y la trama de nuestras raíces; todos los que se encuentran emparentados en una mente común, en nuestra mente común, en nuestro destino común.

En la Gran Alma el corazón se encuentra preparado para cumplir su cometido: reconocer el corazón desnudo y bondadoso en cada uno, y el sentido en todo lo que es, y quizás también su belleza. En contacto profundo con nuestro lugar tierno y vulnerable percibimos en todos los demás su lugar tierno y vulnerable. De este modo estamos igualados. De este modo podemos amar a todos los que son tal como son, exactamente así, y en ellos vernos a nosotros mismos.

Algunos exclamarán su desacuerdo y dirán: «Yo no soy uno con el borracho, con el chulo y el grosero, con el tonto, con el asesino, con el abusador, con el rígido, con el tramposo, o lo que sea que desplacen al otro lado de la verja de lo aceptable en sí mismos. Y, en un nivel, pueden tener razón: en el nivel de su rol personal, de la vestimenta que les toca. Sin embargo, creo que en un plano mayor actúa el gran motor de la compasión, que nos hace mirar al borracho, al asesino, al abusador, al tonto, etc. y reconocernos en él de algún modo, por lo menos en un modo potencial, y avistar en él el latido común de la vida, y reconocer que en la suerte asignada en el libro de los grandes planes, del misterio creativo, a él le tocó su destino y a nosotros el nuestro. Y que no existe mejor o peor en la realidad. Mejor y peor existen únicamente en nuestros pensamientos e imágenes mentales, en el escenario estricto de las pasiones humanas. Creo que son ideas bellas que unen y reconcilian: todos los ojos que miran son uno y el mismo; en todos los ojos mira Dios y le vemos a él como uno; no hay mejor ni peor.

En el siglo XV vivió el monje más famoso de todo Japón, Ikkyu, que era hijo ilegítimo del emperador. Cuando el príncipe de la provincia en la que vivía decidió dar una gran fiesta invito a Ikkyu, reservándole un honroso lugar a su lado. El día de la fiesta el monje apareció humildemente vestido, casi parecía un mendigo, con lo cual el príncipe montó en cólera y lo expulsó. Luego Ikkyu regresó ataviado con buenas vestimentas y, una vez en el palacio, se las fue quitando lentamente y las dejo en una silla. «¿Qué estás haciendo?», preguntó el príncipe. «Te había entendido mal, pensaba que me habías invitado a mí, pero invitaste a mi vestimenta, así que aquí la dejo», respondió Ikkyu.

Tanto si miramos las vestimentas que sólo simbolizan formas, apariencias y avatares, libretos que nos toca representar, destinos y caprichos, como si miramos más allá de ellas, al misterio creativo, la pregunta relevante es: ¿Quiénes son los invitados a la gran asamblea de nuestro corazón? En este sentido: ¿Estamos aún a tiempo de incluir a aquellos que nuestras buenas razones excluyen, que nuestros seductores argumentos rechazan? ¿Podemos invitar a la mesa de los dignos a aquellos que juzgamos en nuestra Alma Gregaria, regida por su moral y sus leyes? ¿A aquellos que son o fueron olvidados porque su recuerdo resultaba vergonzoso o penoso? ¿A aquellos que creemos que se comportaron mal o nos causaron dolor? Nuestra mente pequeña, que solemos identificar como nuestra voluntad, trata de gestionar el malestar con el tentador recurso del rechazo y el destierro, apartando lo incómodo. Pero la Gran Alma conoce únicamente la matemática copulativa, lo que une e iguala.

En la Gran Alma todos los que son merecen ser queridos tal como son y tal como fueron, exactamente así. En primer lugar nuestros padres. Ellos son los primeros de los que son, fueren las que fueren sus vestimentas y abalorios. La Gran Alma es el espacio del corazón a corazón, de la estricta perfección de las cosas. En ella, somos Uno.

EL ALMA GREGARIA Y SUS PASIONES

Por el contrario, en el Alma Gregaria no somos uno, sino diversos. En ella luce nuestra identidad personal y es el espacio de las pasiones humanas, de la apertura y la contracción, de la ternura y la violencia, ya que nos gobierna el imperativo de estar unidos, de amar y ser amados, de cuidar y ser cuidados, de desear y temer. En esa Alma Gregaria devienen todas las complicaciones de los vínculos y las relaciones. Es el lugar del dolor y de todo lo que hacemos para protegernos del mismo, bajo el despótico destino de mamíferos y seres vinculares que somos los seres humanos. No somos ranas ni cocodrilos. No sólo tenemos un cerebro límbico e instintivo, sino uno emocional y relacional, y además vivimos en un universo racional y pensante. Con esta urdimbre biológica básica quedamos sumergidos en esta Alma Gregaria, encarando y gestionando nuestras pasiones, nuestros amores y desamores, con la mente pequeña habitual, la cual organiza la vida según filias y fobias, atracciones y rechazos. Nos hacemos partícipes del gran teatro del mundo tal como debe ser a cada momento, con sus representaciones de gozo y de padecimiento, con sus comedias y sus tragedias. En ella establecemos puentes o límites y tomamos cercanía o distancia con las personas que nos sonríen o nos dañan.

El Alma Gregaria viene creada y definida por lo que vincula a las personas. Siguiendo a Bert Hellinger, a esta Alma Gregaria, que también puede ser comprendida, en un sentido arcaico, como horda, colectivo de supervivencia, o conciencia común, le pertenecen:

- El hijo junto con sus hermanos, incluidos aquellos que no llegaron a nacer o murieron pronto, o fueron dados en adopción o bien los padres, simplemente, se deshicieron de ellos.
- Los padres y también sus hermanos, o sea los tíos, incluidos también aquellos que no llegaron a nacer o murieron tempranamente o fueron entregados.
- Los abuelos y, ocasionalmente, los tíos abuelos, cuando hubo hechos con mucho peso o gravedad en su vida, y aún los bisabuelos u otros anteriores en una línea ancestral sin fin. Sin embargo, por las consecuencias para los posteriores y sus implicaciones en destinos difíciles y guiones de vida desgraciados, resultan cruciales tres o cuatro generaciones, o todavía más si acaecieron hechos especialmente importantes, desarreglos, secretos o sucesos graves como crímenes o culpas, u otros destinos especiales.
- También forman parte todos los que hicieron lugar para otros, por ejemplo parejas anteriores propias, o de los padres y los abuelos, cuya separación o pérdida abrió el horizonte para una pareja posterior con la propia rama de vida que desplegó. Con lo cual algunas personas vinieron a la vida con la con-

currencia de que una pareja anterior de los padres o abuelos perdió su lugar.

• Todos aquellos por cuya ganancia otros tuvieron alguna perdida o viceversa, caso por ejemplo de los que conservaron la vida ocasionando que otros la perdieran, en situaciones de guerra por ejemplo. O quizá la familia recibió una herencia o beneficio importante o, al revés, un perjuicio serio, por la muerte, enfermedad o sacrificio de otra persona o por una persona del propio sistema.

• También pertenecen a este colectivo aquellos que fueron víctimas en manos de alguien de nuestro sistema familiar, recibiendo un daño grave o la muerte. No es difícil imaginar que los hechos violentos y la imagen de las víctimas quedan atadas de manera inquietante al victimario y a las personas de su sistema familiar. Para encarar las potenciales consecuencias trágicas y la cruda energía que propician, y que todos consigan lograr la paz, se requerirá la compasión, el reconocimiento y los buenos sentimientos del grupo familiar hacia la víctima y su grupo familiar. Asimismo ocurre cuando alguien del propio sistema recibió la muerte o un daño grave de una persona de otro sistema; en este caso el asesino o perpetrador también queda vinculado al sistema de la víctima, no sólo por la muerte que ocasionó sino también por el dolor, la desazón, el odio y el rencor que desencadena. Con esfuerzo y tiempo se movilizará un proceso emocional heroico y espiritual para la familia de las víctimas, con el propósito de que, algún día, puedan darle un lugar de dignidad al homicida y le abran su corazón, y dejen sus actos a su cargo con todas las consecuencias, y también su destino terrible en conjunción con el de la víctima querida. De manera que un círculo de fatalidad pueda cerrarse. Para todos los que forman parte del Alma Gregaria, algo se integra y se apacigua cuando víctima y victimario logran un reencuentro en el plano del Alma Grande, para la cual no existe la distinción entre buenos y malos. Y entonces lo que ya es pasado puede quedar por fin en el pasado, cerrado, perdiendo su tendencia a perpetuarse, atajada la espiral de violencia que presagiaba. Esta idea también es válida para grupos mayores al familiar, como el caso de grupos tribales, religiosos, políticos, nacionales, etc. con el objetivo de facilitar el camino hacia la reconciliación y la paz, abandonando venganzas y diatribas de trágicos resultados.

Como explicaremos a continuación, esta gran matriz de fuerza y vida que constituye nuestra Alma Gregaria se encuentra jalonada por hechos que definieron retos vitales para las personas, y propiciaron desarrollos o dificultades especiales, todos ellos en conexión con los grandes poderes del vivir: la sexualidad y la muerte.

Esta Alma Gregaria es equivalente a un yo grupal o colectivo, a una especie de conciencia sistémica común. Es como si el grupo tuviera una guía y una inteligencia propia que está por encima de sus miembros, los abarca y los acoge, les brinda hospitalidad y pertenencia y, al mismo tiempo, los somete a sus propias leyes. El método de las Constelaciones Familiares permite que se manifieste la conciencia común, y que podamos reconocer las sutilezas e implicaciones desdichadas que actúan en nuestra Alma Gregaria, a fin de encontrar alivios, superar problemas y potenciar desarrollos para las personas.

LOS VÍNCULOS EN EL ALMA GREGARIA

Lo principal que vincula y conecta profundamente a las personas tiene que ver con el vivir y el morir, con el crear y el destruir, con el cuidar y el devastar, y con todos los sucesos impregnados de ambas atmosferas. Los vínculos más fuertes se crean pues mediante la exposición a la vibración de la vida y de la muerte, o a ambas conjuntamente, en el devenir de las personas y en la construcción de su tejido histórico y existencial. En este sentido los grandes poderes que rigen la vida son dos: el primero de ellos es la sexualidad, imparable y arrolladora, hija primogénita de la naturaleza, con toda su cohorte de asistentes: la ternura, la seducción, el poder, la unión, la trascendencia, el amor, el placer, la intimidad, etc. La sexualidad es la puerta de entrada a la vida. Ella toma a las personas a su servicio como vehículos para que el río de la vida prosiga su curso continuado y lleguen los hijos. Así que a través de la sexualidad se constituye la pareja y se abre el horizonte potencial de los hijos y de la vida, y los hijos, por regla general, se hacen hermanos como frutos de una misma matriz sexual. Más adelante los hijos serán tomados a su vez por la sexualidad. Así, quizás vendrán los nietos y la llama de la vida proseguirá, determinando el futuro, encarnándose en otros rostros. Cuando se abren las puertas de la vida sabemos seguro que ésta se perderá algún día y, durante su transcurso, también quedará expuesta a todos los avatares del vivir, a todos sus gozos y sus riesgos. Así que la sexualidad vincula profundamente, y ahí donde en el sistema familiar se hace presente abre caminos, inicia esperanzas y relaciones de intimidad, promete la vida, fragiliza el corazón, y nos hace también candidatos al dolor y a las pérdidas.

El segundo gran poder es la muerte, que franquea la puerta de salida de la vida, inevitable para todos, también con su corte: la enfermedad, la ancianidad, lo accidental, la violencia, la guerra, las adicciones destructivas, etc. Cuando la muerte actúa en los sistemas siempre representa un reto, especialmente en muertes violentas, inesperadas, prematuras, o cuando fallece un joven o un niño, y expone a las personas a los desprendimientos y los duelos, a integrar las pérdidas en la vida, a encontrar amparo en el extraño misterio de la vida. Por lo demás, desafía a los seres queridos del fallecido a seguir sujetándose con fuerza a la vida, o bien a ceder al deseo, a veces no muy consciente, de reunirse con él en la muerte. En problemas psicológicos o relacionales graves, o también en asuntos de enfermedades físicas, muchas veces se puede rastrear en su trasfondo emocional una dinámica bastante habitual que debe ser solucionada para que la vida triunfe ante el dolor que se experimenta o ante la culpa que se siente por permanecer vivo. Es la dinámica en la que algunos vivos se sienten tan atados a los muertos que cruzarían calmos la frontera de la muerte para reunirse con ellos. Al buscar soluciones para problemas graves, ¿cuántas personas deben renunciar a seguir a sus padres a la muerte o a la desdicha, o a sus hermanos o a sus hijos, o a otros seres queridos, dejando de debilitar su cuerpo o de descuidar su propia vida?

Sin duda, la muerte impone su voluntad y, en su presencia, sentimos la crudeza del límite de nuestro yo y el temor a perder a los que amamos. La realización de despedidas y duelos es un reto emocional que regala fortaleza y confianza a quienes lo consiguen. Cuando logramos superar nuestras pérdidas, la vida sigue cantando en nosotros, para mayor alegría de los que ya murieron. Cuando no lo logramos, coqueteamos y retamos a la muerte, con la secreta esperanza de que nos lleve, para incomodidad y perturbación de los que ya murieron.

En nuestra Alma Gregaria se alinean los vivos y los muertos, y estos últimos son fuente de bendición, esperanza, luz, gracia y bienaventuranza para los primeros cuando estos los despiden y los recuerdan con amor. Al revés, podemos pensar que son incomodados cuando deseamos reunirnos con ellos antes del tiempo que nos es asignado. Infinidad de culturas tribales encomiendan a los venerados ancestros las bendiciones y el cuidado para los vivos, lo cual, sin duda, es una idea fuerza entrañable.

De manera que los sucesos más importantes que en el Alma Gregaria, potencialmente, afectan a las personas y determinan guiones de vida y toda suerte de complicaciones, son los relacionados con el curso de la sexualidad o la presencia de la muerte. En general, todo aquello que nos hacer vibrar con estos poderes o fuerzas: la enfermedad, la violencia que amenaza la vida o su integridad, las adicciones, los abortos, los niños nacidos muertos o fallecidos tempranamente, las filiaciones legítimas e ilegítimas, las parejas y los matrimonios así como los divorcios, las rupturas y separaciones, las adopciones, etc. Todos ellos deben ser considerados e integrados.

Los dos hechos que más profundamente vinculan en el Alma Gregaria son: dar la vida (por eso es tan fuerte el vínculo entre padres e hijos, especialmente de hijos a padres) y quitar una vida (por eso es también tan inevitable el vínculo entre asesinos y víctimas). En ambos casos, además de la sexualidad y la muerte, también tiene importancia el hecho de que se produce el mayor de los desequilibrios humanos posibles en el intercambio entre el dar y el tomar. Los padres dan la vida y no pueden añadir ni quitar nada, y los hijos la reciben plena sin tampoco poder añadir ni quitar nada y sin la posibilidad de devolverles lo recibido para restablecer el equilibrio. Ante la presión de lo recibido, algunos hijos lo honran (y por tanto así a sus padres) haciendo algo bueno con su vida, o entregando a sus hijos lo recibido, en una especie de propiedad transitiva imprescindible en la vida humana para su avance, supervivencia y cultura. Otros, por el contrario, tratan de rechazarlo con la idea de que no fue suficiente o correcto, y justificándose en sus carencias se ahorran el trabajo de involucrarse con seriedad en su vida y se resisten a dar lo que tienen para dar. En esta posición sufren doblemente: no tomando no dan, y así se empobrecen y empobrecen a la vida.

Entre asesino y víctima, el primero toma la vida del

otro y el otro la pierde sin remisión, produciéndose también una gran descompensación. En general, el primero encuentra la paz cuando compensa el desequilibrio poniéndose en situaciones de riesgo o con su propia muerte; por eso muchos asesinos se suicidan a continuación de su asesinato, porque no pueden soportar la presión del desequilibrio y de seguir conservando la vida cuando se la quitaron a otro. La víctima también se siente conectada al asesino en un destino común que requiere el máximo de entrega a los propósitos misteriosos de la vida, y sabe que en la muerte ambos quedan juntos e igualados como seres humanos. En ello actúa la Gran Alma.

Por tanto, vemos que el intercambio es otro de los factores que vinculan a las personas. Intercambiar las une y conecta en un destino común, en especial cuando se rozan y se comparten flujos de alto calado existencial, sexualidad, vida, violencia, emparejamiento o asuntos cruciales, pero también cuando el intercambio es lento y constante, y establece entre las personas nexos de amor, lealtad, confianza y pertenencia duraderas. Une especialmente la vivencia de graves desequilibrios entre las personas o grupos, por ejemplo cuando unos sienten que conservan la vida y otros la perdieron, como experimentan a menudo los supervivientes de guerras o de catástrofes, o bien cuando en una familia alguien dio mucho, por ejemplo cuidando a su pareja enferma, y el otro no pudo devolverlo, o bien cuando uno tuvo que renunciar a su religión de origen para casarse con una persona de otra religión, etc.

Hay que decir que, además del Alma Gregaria o familiar existen otras Almas Gregarias con sus respectivas conciencias de grupo. Cualquier grupo, cultura, nación u organización, que agrupa personas para los fines que sea, se encuentra recorrida por su propia conciencia, con sus reglas, creencias, lealtades y leyes de pertenencia, diferentes a las de la familia. Aunque, de hecho, a la hora de determinar los mayores problemas o desarrollos es el Alma familiar el que tiene una mayor influencia (*Donde mejor canta el pájaro... es en su árbol genealógico*, lleva por título un libro de Alejandro Jodorowski).

En conclusión, lo que nos une en el Alma Gregaria es la vibración con la sexualidad (el nacer y el vivir), con la muerte (el concluir y el morir), con la violencia y con el intercambio, especialmente cuando compartimos asuntos cruciales, o cuando hay graves injusticias. Por ejemplo, el aborto, pues en él se conjugan las fuerzas de la sexualidad y de la muerte. En la perspectiva del Alma Gregaria el aborto siempre es un asunto de peso que no puede ser gestionado desde la frivolidad o la ideología, ya que moviliza poderosos sentimientos y dinámicas que deben ser integradas y reconciliadas en el interior de las personas. Como en todo lo demás, el asunto clave consiste en poder darle un buen lugar al niño abortado, en mirar, llorar, reconocer y respetar su propio destino, y sobrellevar con hondura la manera exacta de nuestra participación en el mismo.

UNA TIERRA PARA LOS VIVOS Y UNA TIERRA PARA LOS MUERTOS

Ahondemos un poco más en el importante asunto de la relación entre los vivos y los muertos. Lo primero que tenemos que reconocer es que, en nuestra Alma familiar y en los pliegues de nuestro tejido afectivo se encuentran ambos. En la red tupida de nuestro corazón estamos inevitablemente en sintonía con todos: vivos y muertos. Resulta una bendición para la vida, y para nuestra vida, cuando esta sintonía se halla caracterizada por el buen amor, ya que el buen amor tiene como consecuencia el hecho de que construye vida y la sirve.

Cuando nos sintonizamos con el buen amor hacia los muertos, de nuestras imágenes de ellos recibimos luz, apoyo, fuerza y esperanza para nuestra vida. La recibimos en especial de aquellos muertos que podemos percibir en paz y conformidad con su vida tal como fue, y con su muerte, tal como fue. De los que se desprendieron con cariño de sí mismos para sumergirse alegres en la eternidad. Entonces, los vivos tienen la oportunidad de despedirlos con amor y gratitud y conservarles un buen lugar en su corazón para siempre. La buena gestión de las despedidas y las relaciones entre vivos y muertos, entre ancestros y venideros, inyecta claridad y confianza en nuestra existencia. Por esto es crucial la familiaridad con la muerte y la elaboración de los duelos, y la conciencia de que, en las inclemencias dolorosas, nos podemos hacer más fuertes y humanos.

Thornton Wilder finaliza su novela *El puente de San Luis Rey* con una frase de esas que resuenan: «Hay una tierra de los vivos y una tierra de los muertos, y el puente que les une es el amor, lo único que sobrevive, lo único que tiene sentido». El buen amor de los vivos a los muertos se reconoce porque los primeros permanecen al servicio de la vida sintiendo a los segundos como su apoyo incuestionable y natural.

El mito de Orfeo nos enseña otra lección acerca de despedir y retener, albergar o soltar las esperanzas, en relación a las personas queridas que perdimos. En realidad, enseña que un duelo no logrado dificulta el desarrollo de la vida futura. Orfeo es conocido como músico sublime. Se dice que su voz, unida al sonido de la lira, embelesaba a hombres y dioses por igual, y la naturaleza al completo se conmovía con sus acordes. Osos y leones se acercaban a lamerle los pies, los ríos retrocedían y las rocas se animaban y corrían a su encuentro. Se enamoró de la dulce Eurídice y la amó tiernamente, pero su felicidad quedó truncada cuando ella fue mordida por una víbora en el talón y la herida le causó la muerte. Orfeo quedó desconsolado, incapaz de soportar la pérdida, y no dudó en descender a la tierra de los muertos para rogarle a Hades, dios del inframundo, que le devolviera a su querida compañera. Ya ante las riberas de la laguna Estigia clamó con acentos tan dulces y desgarradores que el propio Hades quedó conmovido. Entonces llamó a Eurídice, que se encontraba entre las sombras, recientemente llegada, y le concedió la ilusión de partir con Orfeo a la tierra de los vivos. Pero, para ello, Orfeo debía cumplir con una condición: no volver la cabeza para mirarla hasta que no hubieran rebasado los límites del reino de los muertos y se encontraran ante el sol. El mito cuenta cómo Orfeo no es capaz de resistir la tentación de mirarla, para cerciorarse de que efectivamente lo sigue a la vida, y se vuelve hacia ella, pero justo en ese momento le es arrebatada. Orfeo trata de abrazarla pero Eurídice se desvanece como una sombra en la neblina. Destrozado, intenta convencer de nuevo a Caronte, el barquero, para que le lleve otra vez a la casa de los muertos, pero éste se niega, ante lo cual sus ojos quedan inundados en lágrimas y se consume de dolor por siete días. Después jamás logrará amar a otra mujer y seguirá suspirando por Eurídice, hasta que en venganza por los desprecios que procuró a tantas mujeres que lo hubieran deseado de nuevo es destrozado por ellas, disfrazadas de Ménades en la fiesta de Baco.

Lo que podemos aprender de esta historia es que el ecuador de un duelo se traspasa cuando tomamos la decisión de regresar a la vida y resistimos la tentación de girarnos hacia los muertos. Es decir, cuando podemos desprendernos de lo perdido, conservándolo a la vez como recuerdo vivo, con gratitud y alegría por lo que fue posible, por lo que pudimos dar y recibir, amar y ser amados. Cuando dejamos partir a nuestros muertos hacia el gran reposo. De este modo, ellos se sienten respetados y sonríen y miran a los vivos con el deseo de que estén felices y avancen confiados en sus vidas. Orfeo sucumbió a la debilidad de su corazón, incapaz de soltar con amor a su amada Eurídice y respetar su destino, y de este modo ya no pudo reconstruir una nueva vida afectiva, siendo trágicamente castigado por ello.

LA CONCIENCIA COLECTIVA EN EL ALMA GREGARIA

Cuando un nuevo ser nace a la vida, nace a su campo de pertenencia, con toda su historia y con todas sus consecuencias. Jamás nace en blanco. Nace con mucho pasado, el de su árbol familiar.

Lentamente se entreteje su *conciencia personal.* En ella, es bueno lo que le asegura seguir perteneciendo a su familia y malo aquello que lo pone en peligro. El nuevo ser ingresa a este campo de reglas y códigos de su familia y los siente claramente incluso cuando son velados o no explícitamente formulados.

En otro nivel, también es afectado por una conciencia colectiva invisible e inconsciente, que le guía y le abarca, sin llegar a percibirlo con claridad. En este sentido, puede experimentar sensaciones o sentimientos que corresponden a otras personas de la familia, incluso aunque no las haya llegado a conocer. También puede tomar a su cargo responsabilidades o cargas que no le conciernen, o representar papeles o posiciones que quedan fuera de sus posibilidades de éxito (como cuando se pretende la posición de padre de los padres, por ejemplo, o de pareja invisible de uno de ellos, lo cual, aunque sea movido por el amor, deriva en patologías e infelicidad). O se imitan destinos de otras personas. O bien se compensan deudas o ameritan derechos en el gran libro de la contabilidad familiar. Por ejemplo, algunos nietos pueden tratar de expiar culpas de los abuelos o, por el contrario, abusar de la renta de sus glorias. Es como si el gran árbol familiar administrara bienes y males, bendiciones y desdichas, admisiones y destierros, como si fuera un ente común.

Pondré un par de ejemplos para tratar de explicar mejor el asunto de la conciencia colectiva.

- Una mujer joven experimenta un increíble y estable dolor emocional referido a su relación de pareja, un dolor inexplicable que le impide confiar en su compañero, aunque comprende que no hay razones reales para ello. Parece algo fuera de control, como si viniese «dios sabe de dónde». El trabajo de la constelación muestra cómo este dolor emocional pertenece a la abuela materna, que en su momento tuvo que reprimirlo para mantener su fuerza orientada a la supervivencia. Resulta que el abuelo murió muy pronto, dejando a la abuela con cinco hijos pequeños. Podemos imaginar el dolor que tuvo que contener. En el trabajo, es crucial que la nieta, en su imaginario interior, devuelva este dolor a la abuela (extraviado en la conciencia colectiva) y respeté lo que ella tuvo que vivir tal como fue. Al fin y al cabo, la vida avanzo y «todo salió bien en muchos sentidos». De este modo, la nieta puede quedar libre de esta resonancia, de esta vivencia de ser poseída por el sentimiento doloroso, que no se ajusta en absoluto a su realidad. La realidad de la nieta es muy diferente: no vive ningún abandono por parte de su pareja, ni ningún riesgo de abandono, pero experimenta sentimientos como si estuviera ocurriendo. ¿Quién los sufrió y no pudo integrarlos? La abuela. Y con ella tiene que quedar. Así actúa esta conciencia colectiva, cuidando de que nada quede excluido en el sistema, de manera tal que personas posteriores pueden implicarse inconscientemente en asuntos de los anteriores a través de sus propios problemas.

- Un hombre consulta también por sus dificultades de pareja, ya que siente que no consigue desprenderse de la madre y darle un lugar crucial a una mujer. En la constelación se refleja la importancia de la primera pareja de la madre, que murió accidentalmente. Después la madre se caso de nuevo y tuvo hijos con el padre del consultante. Se pone de manifiesto que, de manera no consciente, la madre extiende hacia este hijo los sentimientos que experimentó hacia su primera pareja, con lo cual el hijo se siente muy especial para la madre y extraño para el padre. Una especie de hilo invisible conecta a este hijo con la madre y con el primer marido de la madre, a través de la conciencia colectiva. La solución consiste en desprenderse de esta implicación y tomar el lugar de hijo al lado de su padre, reconociéndole su grandeza y primacía.

A menudo, la conciencia colectiva inconsciente compite con la conciencia personal, de manera que ambas pueden llegar a contraponerse. Si la conciencia personal trata de preservar nuestro mamífero instinto de pertenecer y seguir conectados, tramitando exclusiones hacia algunas personas (a veces, incluso el padre o la madre), con ligereza y sentimientos de justicia, la conciencia colectiva, por el contrario, no admite exclusiones, ya que cuida del todo. Eso es, vela por la completitud del gran organismo familiar. Trata de preservarlo íntegro, como un todo, imponiendo para ello ciertas leyes o reglas cuya transgresión acarrea sufrimiento a las personas.

LEYES DE LA CONCIENCIA COLECTIVA

Las leyes principales de la conciencia colectiva son:

1. La conciencia colectiva impone el reconocimiento de la precedencia y la descendencia entre las personas en su sistema familiar, lo cual conlleva la toma en consideración de los derechos y las jerarquías relacionadas con la antigüedad en el orden de aparición en la escena familiar. Un sistema familiar gana paz y fuerza cuando cada miembro reconoce, asume y ocupa con claridad el lugar que le corresponde: el de padre, el de hijo, el de pareja, etc. Creciendo así con solidez.

   La conciencia individual compite con la colectiva cuando un miembro se implica, por ejemplo, elevándose por encima del padre o la madre, en un intento de cuidarlo o cuidarla, o de llevar sus cargas, sus problemas o sus culpas, cuando la conciencia colectiva le asigna un lugar subordinado a los padres, siguiendo la regla de la prioridad para los precedentes.

2. El imperativo de que nada (sentimientos, actitudes o vivencias) ni nadie (de todos los que forman parte) se pierde en el Alma familiar. Eso sig-

nifica que la conciencia colectiva cuida de que nadie pueda ser excluido del grupo, y de que nada, ningún sentimiento o vivencia importante, pueda ser desterrado o pasado por alto. Se garantiza que todo lo que es tenga derecho a ser, y que todos los que son y forman parte encuentren su acomodo y su lugar en el campo familiar.

La conciencia personal tramita su lealtad al grupo por el procedimiento de la exclusión de los considerados «indignos o malos», pero la conciencia colectiva impide la exclusión, ya que se rige por el instinto de cuidar la totalidad. La consecuencia más inmediata en los sistemas, tal como ha evidenciado Bert Hellinger, es que los excluidos son reemplazados inconscientemente por otras personas, de modo que personas posteriores los representan, a menudo sintiendo atracción por su destino. Se encuentran dinámicas en las que un hermano, con total inconsciencia, representa por ejemplo a otro hermano que falleció sin que su duelo se lograra en la familia. Incluso a veces recibe el nombre del hermano muerto, lo cual niega a ambos su identidad singular. En un modo metafórico podríamos decir que cualquier rechazado golpea a la puerta del colectivo reclamando su pertenencia, de manera tal que miembros que nada tienen que ver directamente o que no llegaron a conocerlos los representan.

En la conciencia colectiva sopla un amor primario que no quiere perder a ningún miembro. En este sentido, impone el amor y la inclusión. Cuando todos forman parte y todos están en su lugar, el sistema florece.

3. La conciencia colectiva se rige por una suerte de sentida justicia retributiva en el balance entre el dar y el recibir, los derechos y las obligaciones, tanto entre las personas dentro de un grupo como en el intercambio del grupo con otros grupos distintos. Todo grupo familiar, y en general cualquier agrupación humana, se encuentra sumergida en poderosas corrientes impulsadas por el sentido de la justicia y el reconocimiento equilibrado de derechos y obligaciones.

Por ejemplo, si alguien en un sistema toma más de lo que corresponde a su aportación y méritos, o recibe privilegios a costa del dolor de los demás, luego él mismo u otros posteriores pueden querer expiarlo ocultamente, con daños, enfermedades o fracasos. O, a veces, aquellos que tomaron menos de lo que les correspondía se creen con el derecho de sentirse mejores que los demás por su aparente generosidad, o quizá se vengan de ellos con su arrogancia y haciéndolos sentir en deuda constante. En fin, vemos que el sentido de justicia y el cuidado del equilibrio en el intercambio son cruciales para el desarrollo y la supervivencia de los sistemas. En la perspectiva del tiempo, la contabilidad general entre las personas del sistema y la contabilidad general con los otros sistemas tiende al cero, al equilibrio en el fiel de la balanza.

Si la conciencia individual permite robar, matar y expoliar a otros grupos rivales, por ejemplo, como se puede ver en las guerras, conflictos y enfrentamientos, y lo permite de una manera leal, inocente y apasionada hacia el propio grupo, en otro nivel, el de la conciencia colectiva y la presión que ejerce de una «sentida justicia retributiva» entre grupos, pretenderá el balance cero mediante tragedias y pérdidas propias. O al revés, se pretenderá venganza por daños sufridos. Por eso algunos pueblos pasan secuencialmente de perseguidores a perseguidos y viceversa, o algunas familias que se enriquecieron a costa del tormento de otras personas sufren pérdidas accidentales de personas o bienes más adelante. Ganancias sentidas como injustas porque ocasionaron daños en los demás conllevarán quizás pérdidas inevitables, aunque afecten más adelante a personas que no participaron personalmente.

LOS ÓRDENES DEL AMOR EN EL ALMA GREGARIA

En nuestra Alma Gregaria de pertenencia cuentan los vínculos. Ya hemos visto que, ocasionalmente, puede vincular la violencia. Sin embargo, en general, en esta trama de resonancias y conexiones prima el amor: entre padres e hijos, en las relaciones de pareja y en la mayoría de los nexos sanguíneos.

La presencia del amor no siempre asegura el bienestar y el crecimiento. En muchas familias se preguntan por qué, a pesar de lo mucho que se quieren, algunas personas tienen graves conflictos o desarrollan conductas destructivas o se producen violentas separaciones. La respuesta es que no basta con el amor: se necesita además el buen amor, cuyo sello distintivo es que promueve la dicha y encamina a las personas hacia la vida. Se necesita amar bien, y no sólo amar mucho. El mal amor, aun siendo amor, es ciego y pasional, cuando no inconsciente, y se distingue porque se encarama hacia la tragedia y se contrapone a la vida. Principalmente porque en su trasfondo no logra asentir a la realidad tal como es o a las personas tal como son, con el destino que les tocó, y oponiéndose a la vida deviene en sufrimiento.

Bert Hellinger, que ha estudiado en profundidad el

Alma familiar, habla de los Órdenes del Amor. Se trata de un conjunto de leyes que se pueden reconocer, trabajar y respetar para que el amor se logre y fermente en dicha y crecimiento en nuestras relaciones. Como él mismo explica, el orden es el cauce o la vasija y el amor es el agua; así que el agua necesita del cauce o de la vasija para no perderse o desparramarse sin dirección. Amor sin orden es mal amor, y se nota en sus consecuencias: no provee felicidad. Amor en sintonía con el orden es buen amor y se nota en sus consecuencias: provee felicidad.

Los órdenes principales, llamados Órdenes del Amor, son esenciales para que el amor, que casi siempre está presente entre personas que se sienten vinculadas, se torne bienestar y crecimiento. Son muy simples, y como veremos guardan estrecha sintonía con las leyes que actúan en la conciencia del colectivo, tal como se ha explicado anteriormente. Son:

Orden nº 1. Asumir e interiorizar la prioridad de los anteriores, que impediría que los posteriores se inmiscuyeran en sus asuntos.

Este orden establece jerarquías en razón de la antigüedad. Esta prioridad de los anteriores se reconoce cuando la energía de las personas ya no se orienta hacia ellos, eso es, hacia el pasado y los asuntos del pasado, sino que está disponible para el presente y se orienta hacia las realizaciones en el futuro. La prioridad de los anteriores significa que dejamos atrás los asuntos pendientes y renunciamos a asumir sus cargas, sus culpas, sus talentos y dolores, sus asuntos inconclusos, sus cuitas y traiciones, sus realizaciones y frustraciones, sus penas o rabias. Permitimos que los que están o estuvieron antes queden al cargo de los asuntos que les conciernen, de los que son responsables y partícipes por su destino y por su trayectoria vital, manteniendo de este modo su plena dignidad.

Esto supone ponerse en consonancia con el río de la vida, que fluye de atrás hacia delante y de lo alto hacia lo bajo. En la práctica significa que el hijo mira su propia vida y su propio futuro y deja atrás tanto los dones como las dificultades que corresponden a sus padres y a sus anteriores, sin apropiarse de nada, sin cargar con nada, tomando lo que viene tal como es y como ha sido, y honrándolo a través de una vida con sentido que apunta a la felicidad. Así también renuncia a un tipo de amor que se sacrifica por los que quiere, pensando que les ayuda, cuando en realidad impide su dignidad y en consecuencia la propia. Por ejemplo: ¿Ayuda un hijo cuando pretende enfermar en lugar de su madre, o morir cuando percibe que ésta ya no desea vivir, o seguirle en la desdicha o a la muerte con la intención, legítima pero inútil, de apaciguar su soledad y el frío de su corazón? ¿Acaso sirven los intentos desesperados del hijo de interponerse en los conflictos de pareja de sus padres?

Orden n.º 2. Igual derecho a la pertenencia de todo, y de todos los que forman parte de la red de vínculos.

Sin exclusiones, tomando también en el corazón personal y grupal a los que cometieron actos en contra de los códigos establecidos o fueron más allá de ellos, o se les considero como malos. Para la Gran Alma todos son iguales e igualmente dignos. Además, en la conciencia colectiva actúa una instancia que impide que, en el fondo, nada ni nadie pueda ser excluido de la consideración afectiva sin consecuencias. Por eso, es común que las exclusiones se penalicen inconscientemente a través de las repeticiones de lo excluido o de la representación posterior por otras personas del destino de los excluidos anteriores, con lo cual en realidad se transgrede la regla de no inmiscuirse en los asuntos de los anteriores.

Orden n° 3. Atención y cuidado del equilibrio en el intercambio, en las relaciones humanas, entre el dar y el recibir.

Entre padres e hijos se da un intercambio desigual (los hijos toman el regalo de su vida y normalmente mucho más, esto es, cuidados y atenciones que mantienen y hacen crecer su vida). Los padres lo dan porque está en sus manos la posibilidad y la voluntad de hacerlo, de modo que todos se sintonizan con el flujo del río de la vida, que avanza de atrás hacia delante y de arriba hacia abajo. Los hijos, como ya dije, pueden compensar lo recibido a través de sus propios hijos o de una vida buena. Y también, por supuesto, haciendo algo bueno por los padres, especialmente cuando estos son mayores y necesitan cuidados.

En las relaciones entre adultos, por ejemplo en la pareja, es muy importante el cuidado de un intercambio que tienda a igualarse, ya que el equilibrio entre el dar y el tomar preserva la igualdad de rango entre los que intercambian. Cuando, en una relación entre adultos, uno se comporta como grande y el otro como pequeño o hijo, se atenta contra la igualdad que fundamenta las relaciones y se siembran las semillas de los juegos psicológicos, las rencillas, los resentimientos, las culpas, los quiebros dolorosos y las venganzas.

Orden nº 4. A cada uno el lugar que le corresponde.

En realidad este orden es una derivación del primero. Parece sencillo y hasta obvio, pero no siempre se da. Cuando se cumple y cada uno asume con claridad el lugar que el contexto le asigna, las relaciones se despliegan con claridad, nutrición y gratitud. Por ejemplo, el hijo que es hijo y no pretende tomar el lugar de padre de sus padres, o de pareja invisible o de amigo o confidente de alguno de ellos; o los padres que mantienen su grandeza ante los hijos sin pretender obtener de ellos lo que corresponde a sus propios padres, o a la pareja.

Lo mismo es aplicable a otros ámbitos más allá del familiar. Por ejemplo, en el contexto educativo, lo ideal es que el maestro asuma su lugar de enseñante sin pretender dar lecciones de paternidad, y que los padres respeten y valoren a los maestros, que ayudan a los alumnos en el proceso de desplegar sus alas en el mundo del conocimiento y de la vida. Imaginemos que el gobierno que regula la educación lo hace con respeto a los padres, a los alumnos, a los maestros y a los votantes que los eligieron. En fin, cada uno en su lugar y en la función que el contexto le asigna. La característica de las personas que reconocen claramente su lugar es que se respetan y sienten un respeto espontáneo por los demás. Saben retenerse para no abarcar lo que no les corresponde, pero abarcan sin dudar aquello que sí les corresponde.

El amor requiere por tanto de un cauce para orientarse, para caminar en la dirección del gozo y del respeto interpersonal. En el sentido que lo estamos formulando, siguiendo a Hellinger, el orden precede al amor y, cuando es respetado y reconocido, el amor resplandece.

DEL ALMA GREGARIA A LA GRAN ALMA

Sin duda, una dulce melodía de bienestar suena en nuestro interior cuando logramos avanzar en los Órdenes del Amor en nuestra Alma Gregaria. Como hemos visto, ello conlleva respetar a nuestros mayores y su posición, y establecer relaciones de equilibrio con nuestros iguales. Conlleva también que todas las personas de nuestro universo afectivo y existencial cuenten con un buen lugar en nuestro corazón. Cuando todo y todos están en su sitio y todo y todos están bien experimentamos cierto tipo de paz y de felicidad.

En el fondo todos deseamos cosas muy similares: buenos amigos, relaciones satisfactorias, paz con los padres, dicha y crecimiento en nuestras parejas, cariño con los hijos, alegría con nuestras tareas, etc. Y para progresar en esta dirección aumentamos nuestro conocimiento de las leyes que gobiernan las relaciones y tratamos de manejar nuestra vida y nuestros vínculos con acierto y buen criterio.

Por tanto, podríamos decir que logramos algo esencial cuando nuestra vida se colma con lo que deseamos y nuestra red de relaciones está completa y es dulce. Sin embargo esto no ocurre siempre, y esta felicidad sigue siendo pequeña y demasiado dependiente de que las cosas encajen con nuestros deseos personales.

Por eso, en otro nivel podemos experimentar la otra felicidad en un sentido grande y no tan dependiente, una felicidad que tiene que ver con una actitud que podemos desarrollar más que con los hechos en sí mismos. Se trataría de apreciar lo que hay con independencia de que encaje o no con lo que deseamos. Confucio lo resumió así: «Sólo puede ser feliz siempre quién está feliz con todo».

Se trata de una actitud *indiferente,* pero no en el sentido que solemos dar a esta palabra, sino en el literal de no ser cegado por las diferencias. Una indiferencia implicada y compasiva, el reposo en un centro vacío, en el lugar de la infinita paz interior. Es un camino espiritual. Para acceder a él, a la felicidad grande, debemos desplazar el foco del Alma Gregaria, lugar de las elecciones, a la Gran Alma, lugar de las alabanzas.

Aunque no sea obligatorio, es una experiencia común que la ventana de la Gran Alma se abra justo cuando en el Alma Gregaria somos sometidos a graves sufrimientos (crisis en nuestros afectos, turbulencias profesionales, pérdidas, etc.). Entonces es más factible que nos alcance alguna comprensión espiritual. Cuando todo parece que se derrumba, paradójicamente, nos ponemos más cerca de encontrar lo esencial, y comprendemos que lo que nos sostiene y lo que nos hace felices se encuentra en parte en nuestra Alma Gregaria, pero sobre todo fuera de ella, en el apacible aroma de la Gran Alma, en la que podemos apreciarlo todo sin distinción, sin diferenciación entre bien y mal.

Por un lado, para todos es muy importante ordenar

nuestra vida y nuestros afectos, pero en otro nivel aún es más determinante acceder a la comprensión de la Gran Alma; intuir el ser desnudo, más allá de las formas que toma, sean alegres o desgraciadas; sentir que somos vividos por el vivir; reconocer lo divino, que no necesariamente lo religioso.

Un desarrollo especial se da en muchas personas cuando llevan las inspiraciones y el aroma de la Gran Alma al Alma Gregaria y la llenan con su sabiduría. Eso sucede cuando hemos aprendido lo necesario:

- A no fiarnos tanto de la veracidad de lo que consideramos bueno o malo, a dudar incluso de la existencia real de lo bueno y de lo malo. Y a mirar todo lo existente en su propia naturaleza, con independencia de aquello que le atribuimos con nuestras imágenes interiores. El Ser refleja como esencialmente bueno todo lo que se manifiesta.

- A honrar y asentir a la realidad tal como se manifiesta sin dejar por ello de implicarnos para que se desarrolle en la dirección de lo que deseamos y necesitamos, siempre que sea legítimo y posible. Y, cuando no lo sea, encontrar la fuerza en las contrariedades, que a menudo sirven a mayores desarrollos.

- A integrar todo lo que somos, incluso aquello que nos parece temible, pues no hay desperdicio en la naturaleza. Lo que nos parece desechable de nosotros mismos esconde a menudo una gran potencialidad.

- A reconocer la dignidad de todas las personas y a preservarla, a vivir en lugar de enjuiciar. Amando incluso a los que parecen malos o enemigos, o diferentes, renunciando al concepto de mejor y peor referido a los seres humanos, pues no existe un ser humano mejor que otro ni una vida mejor que otra.

En la Gran Alma amamos a todos lo que son. Sin excepción.

En la Gran Alma no se trata de amor pasional ni personal. Simplemente sopla el espíritu.

VI
Vivir en la Gran Alma

«Contemplad pues con humilde mirada
la pieza maestra de la eterna tejedora:
cómo anima mil hebras una sola pisada,
las lanzaderas disparan a un lado y a otro
y las hebras fluyen encontrándose
y un solo golpe sella mil uniones;
eso no lo reunió ella mendigando,
lo ha ido maquinando desde la eternidad
a fin de que el eterno gran maestro
pueda tranquilo urdir la trama».

GOETHE

«Que hoy haya paz dentro de ti, que puedas confiar en tu
poder más alto, pues estás exactamente donde debes estar.
Que no olvides las posibilidades infinitas que nacen de
la fe.
Que puedas usar estos regalos que has recibido y trans-
mitir el amor que te ha sido dado.
Que puedas sentirte satisfecho sabiendo que eres un
niño de Dios.
Permite que su presencia se establezca en tus huesos y permite a tu alma la libertad para cantar, bailar y calentarse
en el sol, que está allí para todos y cada uno de nosotros».

Sta. TERESA DE JESÚS

LOGRAR UNA VIDA PLENA

Como hemos ido viendo a lo largo de este libro que se acerca a su final, la plenitud de toda vida se realiza manteniendo la sintonía con la Gran Alma, y para lograrlo debemos aceptar lo que es, aceptarnos como somos y aceptar a todos los que son. Lo cual, por supuesto, no es fácil. Por eso en la Gran Alma viven los valientes. Los que encaran los sucesos del vivir con un corazón abierto y audaz, a la vez que humilde y benévolo. Los que pueden rendirse a la realidad tal como se manifiesta y logran mirarla con amor. Los que se alinean con los procesos vitales que van cambiando a lo largo de su existencia. Los que rebosan fortaleza y honestidad al ser visitados por las inclemencias de lo humano.

Vive en la Gran Alma quien cabalga el camino de su vida como un jinete comprometido y despierto que toma con determinación las riendas de su destino, marcando con dirección clara aquello que mejor sintoniza con su espíritu personal y su misión, con su legado de talentos y dificultades, con sus valores y sus preferencias. Al mismo tiempo se somete a la voluntad de lo imprevisible que la vida traza, pues la vida crea formas caprichosas, determina suertes, azares y sincronías sin consultar. Inicia caminos o los cierra sin pedir opinión.

De la misma forma, se destierran de la Gran Alma los que rechazan la realidad, empleando su energía en pelear y discutir con los hechos, con lo que ya fue. Son los que apuestan por la lucha en lugar de la fuerza personal natural. Cuando se trata de este tipo de lucha siempre tratamos de afirmar el yo, la pequeña identidad individual, ese alguien con quien nos identificamos. En este modo resistimos y tomamos posición para defendernos en la vida, edificando una cierta grandeza personal. Nos sustentamos en la debilidad y la desconfianza, y para compensar nos empeñamos en nuestra supuesta grandeza o nos envanecemos. La lucha sirve a nuestra falsa personalidad, a lo que llamamos *ego*. La fuerza, en cambio, se desarrolla con la concordancia, digestión e integración de las cosas tal como son. La fuerza se alinea con el flujo del vivir, se rinde a la voluntad de la vida. La lucha es estratégica y se nutre del miedo y del tiempo pensado como algo lineal. La fuerza se asienta en el ahora, es confiada, y mira el horizonte con transparencia, entrega y esperanza.

Swami Prajnanpad, un luminoso sabio hindú, definía las tareas esenciales de la vida de una manera tan simple, sencilla y rotunda que casi cuesta percibir su profundidad y nítida verdad: hacer lo que tenemos que hacer, dar lo que tenemos para dar y recibir lo que nos toca recibir. Simplemente eso.

Haciendo eso es fácil acertar el tiro. Curiosamente, «pecar» es un término devenido de la balística, en concreto del arte del tiro con arco. Significa errar el tiro, no dar en el blanco, desviarnos del centro de la diana. Sería algo así como fallar en nuestra trayectoria existencial, desviarnos de lo que nos concierne en lo esencial, desoír los mensajes del espíritu en nuestro hacer, nuestro dar y nuestro recibir.

En este sentido, el pecado sería el error-extravío del proyecto divino de cada uno, o detenerse en asuntos no esenciales, periféricos a lo que cuenta realmente. Tomando las tareas esenciales de la vida, se puede decir que hay tres pecados o errores posibles que debemos evitar para lograr una vida plena:

- El primero consiste en no dar lo que tenemos, cediendo al demonio de la cobardía que nos inhibe y contrae a la hora de enfrentar el mundo y arriesgarnos en él.
- El segundo es dar lo que no tenemos, cediendo en este caso al demonio del artificio y la falsedad, que nos hacer creer que mediante disfraces adecuadamente elegidos nos irá mejor.
- Y el tercero consiste en no tratar de distinguir bien entre lo que tenemos y lo que no, volviéndonos cómplices del demonio de la pereza de la conciencia, que nos hace ignorantes de nosotros mismos, extraños en nuestra piel, que nos aleja de nuestras profundidades y motivaciones. De este modo nos volvemos perezosos a la hora de escuchar nuestra verdad interior, y distinguir nuestra naturaleza y predisposición, nuestras posibilidades y límites.

Tomemos el primero. Podemos extraviar el tiro de nuestra vida no dando lo que tenemos, es decir, evitando enfrentar nuestras genuinas posibilidades y talentos, inhibiéndonos a la hora de jugárnosla y tomar nuestros compromisos con la vida. El miedo se posiciona entonces como nuestro enemigo, pero tenemos aliados. Por un lado el valor, la confianza y la fuerza de arriesgar con lo que la vida nos ha dado, al punto que lo experimentemos casi como obligación, con todas las consecuencias que pueda conllevar. Por otro lado la humildad de rendirnos a nuestro destino y a lo que la vida nos demanda, de servir a la vida en sus propios propósitos, que a veces no encajan con los nuestros; ahí, una voz ineludible nos dice de múltiples modos: «dalo», «hazlo», «tómalo».

¿Tenía Picasso la posibilidad de desarrollarse en otra dirección que no fuera la de pintor? ¿Podía Mozart impedir que la música brotara a través de él? Es obvio que Picasso, Mozart y muchos otros tuvieron dones especiales, ante los cuales no hay apenas escapatoria: se deben realizar, expresar, plasmar, dar, porque se deben a la vida a la que pertenecen. Se muestran como imperativos de acción. En cierto modo no les pertenecen personalmente. De hecho, nada nos pertenece como seres privados. ¿Mozart creaba su música o el misterio creador usaba a Mozart para embellecer la vida?

Nuestra situación no es diferente a la de Picasso o Mozart. Todos recibimos nuestros dones, regalos y bendiciones, aunque a menudo vengan envueltos de un modo tan difícil o laberíntico que reconocerlos nos exige paciencia y trabajo interior. Todavía no he conocido a nadie que no sea fruto ya o que, al menos, no contenga semillas que florecerán. En todas las personas que he conocido en mi vida he podido vislumbrar sus frutos, como potencialidades que pueden cristalizar en el momento adecuado. Conmueve ver al hortelano en comunión con sus verduras, al ebanista absorto en su mueble, a la madre amamantando a su hija, al payaso vibrar con el absurdo y despertar el humor dormido de su público. Cada uno con su rol y su función. Los arquitectos, los jefes de obra, los albañiles, los picapedreros, los cocineros, los limpiadores, y la familia de todos ellos, sus esposas y maridos, sus padres y sus hijos, sus amigos, todos son imprescindibles para alumbrar una entrañable y perdurable catedral. ¿Acaso tiene importancia el papel que nos toca comparado con el hecho de jugarlo con dignidad? ¿Hay mayor gozo que dar lo que tenemos, sea lo que sea, y hacerlo con determinación, cuidado y excelencia? Y es que lo que viene del corazón se reconoce por su benevolencia y es imposible que yerre el tiro, que no acierte en el centro de la diana, que no resulte una ofrenda floral.

El segundo extravío o *pecado* lo sufrimos cuando tratamos de dar lo que no tenemos. Entonces caemos en manos de otro gran enemigo de lo que es, a saber, el envanecimiento. Nos volvemos pretenciosos y queremos representar un papel ideal, queremos ser distintos de lo que somos, nos ponemos trajes de camuflaje incluso para engañarnos a nosotros mismos. Nos gobierna la impostura. Ya dijo el poeta: «Yo que me afano y me desvelo para parecer que tengo de poeta la gracia que no quiso darme el cielo», en alusión a la desesperación de carecer de los talentos que anhelamos y valoramos. Cuando nos mentimos, el tormento es inevitable porque no nos sustenta nuestra verdad interior, y tarde o temprano regresaremos con dolor a la misma. Toda traición que cometemos contra nosotros mismos tiene su precio. En nuestro mundo, tan uniforme y ultracomunicado, los valores exteriores llegan a ser tan influyentes que nos cuesta encontrar nuestra profunda singularidad y respetarla. Nos volvemos más y más adaptados, y supuestamente adecuados, al mismo tiempo que se desluce nuestra vitalidad. No hay otro antídoto para este mal que el de buscar la propia verdad y soportarla, y poco a poco quererla, y poco a poco construir nuestra vida en ella. Sustentarnos en nuestra propia verdad, sea la que sea, nos hace libres.

El tercer *pecado* viene por el mal de la ignorancia y de la pereza de escuchar y comprender nuestra verdad profunda. Cuando en *Cartas a un joven poeta* éste le escribe a Rilke pidiéndole que dictamine sobre si es un verdadero poeta o no, si sus versos son buenos o no, la respuesta de Rilke es la de un inspirado maestro: «Nadie puede aconsejarle ni ayudarle, nadie. Sólo hay un medio. Entre en sí mismo. Averigüe el fundamento de lo que usted llama escribir; compruebe si está enraizado en lo más profundo de su corazón; confiésese a sí mismo si se moriría irremisiblemente en el caso de que se le impidiera escribir. Sobre todo, pregúntese en la hora más callada de su noche: ¿Debo escribir?». No hay más bella indicación que la de detenerse ante uno mismo para escuchar los susurros del corazón en las horas más calladas de la noche. Si la ignorancia y la inconsciencia es el enemigo, lo que ayuda aquí es la disposición decidida a escucharse y respetarse a uno mismo. Lo que sirve es comprometerse a ser testigos de nuestra experiencia, a tomar conciencia de las sutilezas de nuestras vivencias. Estar decididos a saber.

Estos tres *pecados* se podrían asimilar a lo que en la tradición budista se denominan los tres venenos, raíz y causa de una vida infeliz (aunque en la tradición Mahayana se habla de cinco):

- El rechazo que viene del miedo a la vida, a los demás o, en lo esencial, a nosotros mismos, y nos lleva a decir que no a la realidad, nos pone fóbicos. Entonces no damos lo que tenemos. Se supera con apertura y valor.
- El apego que viene de la pretensión de que las cosas tienen que ser de una cierta manera y no como son, de la idea de que lo bueno está en alguna parte en lugar de en todas partes, incluso en nosotros mismos. Entonces tratamos de dar lo que no tenemos. Se supera con el acceso a una verdad y transparencia mayor, con fe en que todo tiene su bien.
- Y la ignorancia, que nos hace adaptados y resignados en lugar de intrépidos buscadores del conocimiento que ilumina la verdad de lo que nos mueve, nos orienta y nos desarrolla.

Igualmente, esta forma de pensar los tres errores guarda también consonancias con el triángulo central del eneagrama (eneatipos 6, 3 y 9), un modelo de sabiduría desarrollado por Claudio Naranjo que traza las líneas maestras de las pasiones y las virtudes humanas.

Dar lo que tenemos que dar, no dar aquello que no nos corresponde y reconocer la diferencia entre ambos. He aquí la simplicidad de una vida potencialmente lograda.

LA VIDA COMO ASCENSO: LA BÚSQUEDA DE LA AUTORREALIZACIÓN

Como apuntaba en el capítulo «Llegar a ser nadie», en cierto modo la primera mitad de la vida se parece al proceso de ascender a lo alto de una montaña. Primera infancia, niñez, pubertad, adolescencia, ingreso a la vida adulta, madurez. Crecemos al tiempo que nos despedimos de lo viejo. Cada nuevo paso es, a su vez, un adiós de la huella del anterior. Abandonamos la flotación en el vientre materno y la conjunción física con la madre para avanzar, con el nacimiento, hacia la proeza de una vida propia. Dejamos la dulce niñez para ingresar en las turbulencias hormonales de la adolescencia y aprender a gestionarlas, si es posible, sin grandes trastornos emocionales. Sin embargo, el acento no lo ponemos en lo que dejamos atrás. Más bien lo fijamos en un horizonte futuro, en el cual dibujamos aquella persona en la que desearíamos convertirnos. Ahí se dirige nuestra energía.

Con vaivenes, con claridad, con incertidumbres, aciertos y errores, nos orientamos hacia nuestros logros. Buscamos tomar posición, florecer, cristalizar, plantar nuestra bandera, e inyectar nuestros genes al torrente de la vida. Nos mueve nuestra creatividad, nuestra aportación singular y las ideas en las que creemos y que defendemos. En verdad, ni lo elegimos. Simplemente nuestra biología nos empuja como un miembro más de la especie. Somos humanos. En el ascenso tratamos de lograr realizaciones en el trabajo, en la familia, en las ideas, en las cosas. Fecundando la trama de la vida tratamos de sentirnos creadores y en crecimiento.

Impulsados por la fuerza de lo expansivo, nos esforzamos, luchamos, nos invertimos, exploramos, y pretendemos logros. Dibujamos un camino personal, un rastro distintivo propio, conformado con las huellas de todos nuestros pasos. Y como tantos otros que anteriormente tuvieron su momento, también para nosotros llega un día el gran instante de coronar la cumbre y clavar en ella la bandera con nuestro nombre, nuestro linaje de amor y nuestra ristra de realizaciones. Llegados a la edad media de la vida, quizá estemos en lo alto de la montaña, satisfechos por nuestros logros o frustrados porque no encajan con nuestros sueños, en una montaña más alta o en otra más pequeña. En verdad, la magnitud y dificultad de la montaña no importa en absoluto, excepto para el yo inmerso en sus dudas o quebraderos o anhelos que vienen de la autoimportancia. No importa el parámetro de la altitud ni cualquier otro, porque en la perspectiva de la eternidad tal vez no haya montañas altas y montañas bajas, quizá no se conciban los asuntos como éxitos y fracasos. Quizá sólo se trate de puros movimientos del vivir, fruto de un impersonal hacedor.

Sin embargo, la belleza, la majestuosidad, la altitud, el prestigio y la ubicación geográfica de la montaña, como metáfora de una vida, así como la cualidad, el esfuerzo, los costes y sacrificios del ascenso, sí tienen importancia para nuestra identidad personal. Cuando aquel que se afanó se asienta en la cumbre, puede sentir la tentación de gritar enérgicamente a los cuatro vientos: «Yoooo... estoy aquí», «yoooo... existo», «yooooo... logré». Para algunos es el momento de la gran afirmación personal. Para los que se consideran exitosos es el gran disfrute de las realizaciones y el reconocimiento de la conquista del mundo. Para los que se identificaron con un yo sufridor o frustrado es el gran momento de culminar su queja y desgarro. Para muchos es el cénit del yo, de la identidad personal: con suerte todo va bien, o bastante bien, en relación al plan establecido, fuere el que fuere. Aparentemente hemos logrado algo sustancial. Algunos gozan de la felicidad del tener, sienten que todo está en su sitio, por lo menos ahora, y esperan que dure. Para otros, el coro de sus lamentos ya no admite más voces, y confirman su hipótesis de sufridores, siendo éste su pequeño goce.

Ni que decir tiene, que «el proceso de ascenso a la montaña hasta la fase media de la vida» no es más que una metáfora que no debemos tomar literalmente y que no refleja toda la realidad. Si asimilamos el proceso de ascenso como la consecución de metas concretas, debemos también reconocer que, en algunos aspectos personales, podemos seguir acumulando desarrollos hasta el final de nuestros días, por ejemplo en sabiduría o conocimiento o humildad y comprensión de la vida, o en el refinamiento de ciertos dones o talentos que nos convierten en más y más excelentes cuanto más mayores. En ciertos aspectos, el ascenso se prolongará hasta la propia muerte. Ella misma puede ser vista incluso como un logro más entre otros muchos. Con la muerte la vida queda colmada en su última expresión.

DESHACER EL YO

De manera que en la primera mitad de la vida quizá nos apoyamos en nuestras propias fuerzas y dones particulares. Pero tarde o temprano se imponen las fuerzas y los designios de la vida y necesitamos sintonizarnos con ellos, sintonizarnos con los susurros del universo. Y después necesitamos aprender a perder y a soltar, a desdibujar el rostro de nuestra identidad personal, el clamor del yo.

Así, cuando después del esforzado ascenso y sus logros, en lo alto de nuestra cumbre personal, nos preguntamos «¿y ahora qué?», la respuesta no puede ser otra: ahora el descenso. Y el descenso concreta el flujo de ir perdiendo lentamente lo que teníamos: la juventud, el vigor, seres queridos, a veces la salud, posesiones y al final la propia vida. Ya no se pueden esquivar las inevitables pérdidas que nos golpean, manifestaciones ineludibles del avance del tiempo. En su perspectiva lineal, el tiempo es el gran borrador: lo elimina todo y a todos en su debido momento.

Vivir en la Gran Alma supone también aceptar que en algún momento descendemos la montaña de la vida. Nos arrastra la pendiente: la salud se debilita, el cuerpo se endurece y recordamos los tiempos pletóricos en los que nos sentíamos invencibles. Los padres mueren, quizá también amigos queridos, o la pareja. Y la vida nos confronta con el descenso personal, ya que muchos recursos y capacidades irán menguando y deberemos adaptarnos a ello.

Así que, cuando en la cumbre de nuestra montaña personal, el yo grita su grandeza es inevitable que, quizá después de muchas resistencias, escuchemos aquellas palabras definitivas: «Polvo eres y en polvo te convertirás». Sólo entonces, cuando de verdad lo sabemos en nuestro cuerpo, algo se afloja y se libera, y el camino del descenso puede llegar a ser incluso gozoso, fértil y libre, porque ya nada importa tanto. En el ascenso sufrimos por si la ruleta de la fortuna nos sonríe o nos esquiva, por si nos da lo que deseamos o, por el contrario, nos lo niega. En el descenso nos relajamos y no necesitamos apostar, pues sabemos perfectamente el destino al que nos dirigimos. Estamos más libres, con menos yo.

Cuando las personas logran atesorar una vida larga en la que van cubriendo sus distintas fases, necesidades y tareas a enfrentar, así como sus realizaciones y frustraciones, una visión panorámica de la totalidad de su vida se manifiesta con claridad en su conciencia. Para muchos representa el balance previo al final que se acerca, cuando se experimenta que ya no hay apenas futuro en la tierra y sí, en cambio, mucho pasado.

Cuando la vida declina, la mirada se orienta al pasado y trata de dar sentido a la vida vivida, ponerse en paz con lo obrado, con lo realizado y con lo no realizado, con los afectos y los seres queridos, con los aciertos y los errores, las ternuras y las culpas, lo que ha sido y lo que pudo haber sido, los logros y las frustraciones. Debemos, en fin, enfrentarnos a nosotros mismos y encontrar sentido. Ello requiere varias direcciones:

1. Asentir al pasado y a la propia vivencia de los tres pecados.
2. Lograr el orden y el amor en el Alma Gregaria.
3. Y rendirse a los enormes poderes de la existencia.

Inclinados a poniente, contemplando una más de las muchas puestas de sol de nuestra vida, tal vez sentados en nuestro viejo sillón, revisamos la panorámica de nuestra vida y entramos en confrontación con nosotros mismos. Con cariño tomamos nuestros aciertos y con el mismo cariño nuestros errores. Frente a las miles de decisiones que creímos tomar, las que nos llevaron a vías de expansión o de retracción, de amor o de lucha, ante todas sin excepción y a pesar de los pellizcos de dolor que puedan seguir activos, esbozamos la sonrisa del que puede mirar como observador privilegiado y asentir a sus pecados y a sus logros. Inclinados ante el crepúsculo de poniente nos llenamos del amor que siempre estuvo en todo, en su trasfondo. En lo que dimos, en lo que hicimos, en lo que recibimos.

Morimos en paz cuando estamos en sintonía con la vida vivida y en paz con todos aquellos que contribuyeron a nuestro camino o nos acompañaron en él: padres, abuelos, hermanos, hijos, parejas, amigos, compañeros, socios, colaboradores, maestros, todos aquellos con los que tuvimos algún tipo de nexo o intercambio. Logramos la paz a través del asentimiento y del movimiento emocional de amarlos a todos, con independencia de lo que nos dolió, o incluyendo precisamente lo que nos dolió.

La muerte nos verifica, o sea nos confronta con la verdad. No con la verdad que se parece a un argumento más para tener razón en nuestras cuitas, sino con la verdad que nos hace tomar la perspectiva adecuada y ver todo como un baile con sentido. Ante la perspectiva de la muerte concordamos con el sentido de lo que nos tocó tal como fue. En ella también amamos a los que parecían nuestros enemigos, porque la muerte no sólo verifica sino que también iguala. De repente comprendemos que todos somos iguales, uno y el mismo, y que en la coreografía que nos tocó ejecutamos nuestros movimientos de la forma que pudimos y que la vida quiso igualmente que los otros ejecutaran los suyos.

Al fin la tarea es sencilla: ponerse en paz con todos, restaurar el equilibrio de lo que fue injusto y podemos compensar, asumir nuestras culpas y dejar las de los demás como parte de su camino, deshacer los secretos mantenidos, alegrarse por todo lo maravilloso realizado, bendecir la vida que sigue a través de nuestros hijos y bendecirlos a ellos (o a otros, si no hemos tenido hijos), dar por fin el lugar que le corresponde a cada uno. Porque ante la muerte se agudiza el miedo pero también la valentía. Ya poco tenemos que perder y por fin somos un poco más libres para un último intento de deponer la lucha, de rendir las armas y dejar caer la máscara del *ego*.

Entonces ganamos tanta perspectiva que amamos con mayor facilidad.

Es la última oportunidad para lograr el orden en el Alma Gregaria. Es muy simple: reconocer y darle su lugar a todos y cada uno de aquellos que forman parte de nuestra red de vínculos, y que todos sin excepción puedan ser amados y dignificados, con total independencia de los hechos que hubieren sucedido. El orden encauza aquellas relaciones y vínculos que el amor encendió para crear las sinapsis de nuestra Alma. En una de sus facetas imperativas el orden es copulativo, se limita a sumar e incluir.

Y rendirnos a los grandes poderes, a la sexualidad y la muerte, es una de nuestras últimas tareas. Ambos son poderes que nos trascienden en mucho y ante ellos sentimos nuestra pequeñez. La vida se nos brindó como regalo durante un tiempo a través de la sexualidad de nuestros padres. Tomando la vida recibida mostramos nuestra rendición al gran poder de la sexualidad, puerta de entrada de la vida. Para encarnar la vida ha sido necesario encarnar una identidad, una profesión, un nombre, un proyecto, ser hijo de, o ser blanco o negro o judío o cristiano o mormón, y tener una historia personal. Ahora se nos exige el gran reto de liberar esta identidad y rendirnos al poder de la muerte, la puerta de salida de la vida, la gran niveladora. Rendirnos a su voluntad y entregarnos.

El espíritu creador se sirve de los dos grandes poderes, indistintamente. En nuestra rendición a los mismos reencontramos el amparo espiritual y desplazamos el acento del yo al Ser. Y en el Ser todo termina porque nunca empezó.

EL CENTRO ESPIRITUAL

Las personas que desarrollan una gran comodidad consigo mismas aprenden a respetar, hacer espacio y querer todo lo que les constituye. Al mismo tiempo no se identifican con ello: lo observan como si fuera el sorprendente desfile de su vida, el oleaje continuo de sus vivencias, sin tomarlo tan en serio ni tampoco creerlo su realidad personal definitiva, única y acabada. Saben del dominio de lo transitorio.

Por un lado se entregan a vivir lo que les recorre y les impulsa y tiene sentido; abrazan todo aquello que salta a su paso. Por otro se convierten en observadores de lo que viven: piensan, sienten, notan, hacen… Aprenden a vivir en un centro vacío que todo lo permite, lo alaba incluso, pero en nada se apasiona en exceso. No se confunden. El Ser no son las formas, aunque también esté en ellas y fuera de ellas, aunque resida en todas partes. En este modo natural encuentran paz y armonía que se vuelve estable, por debajo de los cambiantes oleajes de lo que viven.

En el juego de las polaridades, en este vida que es «como un cuento relatado por un idiota», como dice Shekaspeare, cultivan el punto central no decantado, el eje de la circunferencia de la personalidad. Y es que cuando habitamos toda la circunferencia de la personalidad y podemos observarla y vivirla con todos los detalles, cuando dejamos de desear las tijeras mágicas para recortarnos a la medida de nuestro ideal, la energía se libera para sentir el punto cero, el eje central, el ojo que mira, el testigo que ratifica, la conciencia que observa. Creamos un centro espiritual. El ser esencial nos hace notar que está encendido, vibrante. Estamos en casa.

La vida crea y piensa todas las formas para que las adoptemos entre todos, para que las juguemos profusamente. Así lo hacemos, y al mismo tiempo no somos ello, y debemos saberlo. No somos nuestro cuerpo aunque él nos vive. No somos nuestros sentimientos, aunque también nos viven, ni somos nuestros pensamientos a pesar de que también nos toman. Sabemos que no somos ellos. Entonces los disfrutamos y aparecen y se desvanecen, como *gestalts* constantes que se crean y se destruyen. Y mientras tanto permanecemos en nuestro centro.

Quien está cómodo con toda la circunferencia no gasta energía en parapetarse de lo que teme, de lo que cree no ser. Se siente a sus anchas en todos sus yoes y tendencias. Y como no tiene nada que defender, su energía se dirige espontáneamente al presente, se vuelve disponible para cada ahora, entra en comunión con cada instante y lo abraza. No lo decide, no lo pretende, no lo encamina, sólo ocurre. Tiene los recursos: la casa está ventilada y la energía libre. El presente se ilumina. ¿Y qué ilumina? La realidad tal como es, a nosotros tal como somos, y a los demás, todos ellos, tal como son. Lo ilumina todo sin distinción, aquí y ahora.

ANEXO
Sobre psicoterapia y ayuda en el alma

«Si puedo evitar que se rompa un corazón
mi vida no habrá sido en vano;
si puedo evitar el dolor de una vida,
o al menos mitigarlo,
o ayudar a un petirrojo desmayado
a llegar de nuevo a su nido,
mi vida no habrá sido en vano.»

EMILY DICKINSON

MIRAR Y GESTIONAR NUESTRA VIDA

Ya que mi profesión es la de psicólogo y terapeuta, y por tanto la de ayudador profesional, es natural que las ideas de este libro hayan venido inspiradas por los aprendizajes y comprensiones que he ido adquiriendo en mi trayectoria de trabajo con las personas y con los sistemas en los que viven, enferman y sanan. Por eso me gustará añadir este anexo en forma de reflexiones, que considero mínimas y esenciales, sobre la ayuda en general y sobre la profesional en particular. No tanto con la intención de asentar un conocimiento sólido, sino únicamente de sembrar algunas ideas para la ayuda que sirve verdaderamente. Me parece, además, una desembocadura lógica para todo lo que he venido diciendo a lo largo del libro. Ni que decir tiene que aquellas personas que no forman parte del *gremio* de la ayuda profesional pueden, si así lo desean, obviar este anexo y dar por acabada la lectura del libro, que espero, como apuntaba en la presentación, les haya sido provechosa.

Es obvio que la ayuda y el cuidado, tanto hacia nosotros como hacia los demás, es algo necesario para sobrevivir y crecer. Sin intercambio, sin roce, sin diálogo, sin caricias, sin retos interpersonales, sin confrontación y ternura, sin alimentarnos los unos a los otros, sin trabajar la tierra y la materia, sin servicios, sin servir y sin servirnos, no hay vida ni desarrollo. La ayuda forma parte del paisaje de la vida y abona los intercambios entre el dar y el tomar, el ofrecer y el recibir. La ayuda y el intercambio entre las personas, el cultivo de relaciones e intereses compartidos, la entrega a los demás y la cooperación, la autonomía reconocida junto con la fragilidad integrada son el caldo de cultivo del desarrollo, y nutren, por tanto, la tranquilidad y la alegría de nuestro corazón.

En un nivel, la ayuda sirve al otro cuando se centra en la buena gestión de su propia vida, explorando las elecciones más pertinentes para su camino y los pasos que mejor conducen a sus deseos y sus sueños verdaderos. Tratando de reunir, además, el valor para caminarlos. Interroga, colabora y acompaña en esta dirección; comprendiendo y removiendo los obstáculos que puedan interferir.

En este nivel de ayuda, a las personas se les abren unas puertas y se les cierran otras. Es el plano de las elecciones. Al emprender un camino renunciamos a otros posibles. Abrimos, cerramos, decimos sí, decimos no. Nos equivocamos a veces, y luego podemos rectificar para acertar o para cometer errores diferentes de los anteriores. Alguien dijo: «Ojalá los errores que cometa en el futuro sean nuevos y no los mismos de siempre».

Nos extendemos y nos contraemos. También el corazón traza este compás: se contrae para expandirse para contraerse para expandirse para contraerse... Nuestra naturaleza impone sus ritmos. El ayudador colabora a explorar todas las dimensiones del mundo interno de la persona con sus emociones, creencias y valores para ponerlos en sintonía con la vida que elige vivir. Es el nivel de los síes y los noes, de las extensiones y las contracciones, de los límites y las aperturas, de las elecciones inevitables. Es el nivel del yo que toma la responsabilidad de su vida y elige, o por lo menos está convencido de elegir. También es el plano de la voluntad personal.

Ya expliqué en el capítulo *Amar lo que somos* que las personas necesitamos la capacidad de abrir la mano y la de cerrarla, el talante para mostrarnos tiernos y vulnerables pero también el tesón para mostrarnos firmes. Estamos hechos de contrapuntos, de opuestos que necesitan bailar entre ellos para completarnos como seres humanos. La vida, por ejemplo, es una coreografía continua con la muerte. En nuestro repertorio de experiencias necesitamos la posibilidad de decir un sí y la opción de proclamar un no. De inspirar y expirar. Un verdadero sí se sostiene en la libertad de poder elegir un no. Tomamos el riesgo de implicarnos en un negocio, en una relación, en una tarea, pero podríamos no hacerlo.

En resumidas cuentas, la gestión de la realidad y de nuestra vida exige elecciones constantes, pasos decididos. Nadie puede quedar al margen, de manera tal que pretenderlo también resultaría un paso decidido hacia la marginalidad. Una premisa de la teoría de la comunicación reza: «No es posible no comunicar», refiriéndose a que incluso el silencio comunica. En la misma dirección podemos decir algo que suena a perogrullada: «No es posible no implicarse en la vida, zafarse de la misma».

Los que tratan de tomar esta posición desimplicada se implican justamente con esta posición.

La paradoja de la ayuda es que, de hecho, sólo podemos tomar decisiones orientadas al futuro, habida cuenta de que el presente ya es, y en este sentido es decisión y realización lograda ahora. Quizá no sepamos si la decisión es nuestra o es de la vida. Quizás dudemos de si somos nosotros quienes hacemos algo o es Ello –la Vida, el Misterio Creativo– quien lo hace a través nuestro. Lo cierto es que sobre el pasado nada podemos decidir porque ya fue, y lo fue de modo irrevocable; entonces nos queda únicamente el recurso de trabajar la actitud con que vivimos lo que ya fue, y elegir nuestra manera de sentirlo, encararlo, recordarlo, aprovecharlo y aprender de ello. Pues, como también he dicho y es comúnmente sabido, no podemos elegir todo lo que vivimos pero sí la actitud que tomamos ante ello.

TODO PROBLEMA VIENE DEL RECHAZO

En coherencia con lo que voy formulando, vemos que en un sentido la ayuda que damos o recibimos demanda la responsabilidad de nuestras vivencias, valores, sentimientos, conductas, etc. Nos incita a escuchar con seriedad nuestro cuerpo, emociones y voces internas. Nos lleva a tomar en consideración los contextos y las personas que nos son valiosas. Nos enfrenta a tomar posición sobre lo que deseamos vivir ahora y en el futuro. Es el plano de la voluntad y las apuestas personales.

Pero, en otro sentido, me parece que la gran mayoría de problemas y sufrimientos que padecemos guardan relación con aquello que vivimos en el pasado, sea lejano o reciente, y con los hechos que visitaron nuestra existencia, concerniéndonos intensamente. Es muy posible que no los hayamos podido integrar, elaborar, digerir, aprovechar y usar al servicio de nuestro bienestar y crecimiento. Tal vez no hemos logrado culminar el proceso de aceptarlos y amarlos tal como fueron.

Cualquier problema hunde sus raíces en el rechazo. ¿De qué? Pues (y tomando de nuevo el eje del libro) de lo que es, de lo que somos y de los que son. Suscribo, en sintonía con Arnaud Desjardins, la siguiente máxima: «Oposición es sufrimiento». O, lo que es lo mismo, sufrimos con aquello que rechazamos, en un intento fracasado de lograr estar mejor con ello. Al darle la vuelta al calcetín surge la otra cara de esa máxima: «Asentimiento es felicidad».

Es natural, por ejemplo, que algunos hijos que fueron expuestos por parte de sus padres a situaciones abusivas, peligrosas o crueles traten de protegerse, rechazándolos y cerrando su corazón, en un más que legítimo intento de mantener su integridad y poner a raya un dolor insoportable. Sin embargo, en tanto que en el proceso de la vida persisten en esta posición de rechazo y desamor se mantienen en el sufrimiento y pierden la energía, constantemente ocupada en alimentar el rictus opositor. En lo profundo, siguen necesitando decir sí y amar a los padres tal como fueron, incluyendo lo terrible y lo doloroso. Al mismo tiempo, resulta imperioso que en el plano del amor infantil dejen de protegerlos, liberándose de las culpas y vergüenzas por lo que pasó. De este modo, respetan que es a ellos, los padres, a quienes les corresponde llevarlas con dignidad.

Permanecer enojados con el destino porque nos trae una enfermedad, o un *handicap*, o cualquier impedimento o contrariedad, también es algo muy común. Es muy normal que, ante noticias graves, se sucedan gritos de oposición, pesar o enojo. Sin embargo, mantener en el tiempo toda la energía enfocada en oponerse a lo que ya se impuso es energía de sufrimiento. Al revés, la energía que se usa para integrar, aprender de lo ocurrido y darle la bienvenida nos fortalece. Entonces podemos edificar sobre los cimientos sólidos de lo que es y no sobre los cimientos frágiles de lo que debería o podía haber sido. Sin duda, amar lo que es exige a menudo un intenso proceso emocional hasta llegar a aceptar lo que parece difícil o inaceptable. Y no es fácil, por ejemplo, integrar pérdidas, duelos, desamores, ruinas, crueldades, etc. Pero se sabe que aquello que pretendemos evitar nos persigue y que aquello a lo que abrimos nuestro corazón nos deja libres. Recordemos de nuevo a San Agustín: «Ama y haz lo que quieras».

Pondré un ejemplo mucho más prosaico de una persona que sufre: la que debe dar una conferencia y teme quedarse en blanco. Al luchar contra esta posibilidad, que le atormenta en su imaginario interior, de algún modo la provoca. Cuanto más trata de evitarlo más lo crea en su mente. Por eso es eficaz recomendarle que empiece la charla justamente haciendo partícipe al auditorio de su temor a quedarse en blanco, pues eso surte el efecto contrario, el de espantar el fantasma.

¿Qué hay de malo en la realidad que vivimos, sea la que sea? ¿Qué habría de malo en quedarse en blanco, caso de que llegará a suceder, si uno lo pudiera tomar incluso con humor? Resumiendo: aquello de lo que escapamos nos persigue. A la inversa, lo que podemos mirar a los ojos y aceptar se convierte en aliado, por muy monstruoso o terrible que nos parezca. Viktor Frankl, al que ya he mencionado, autor de un libro portentoso titulado *El hombre en busca del sentido*, lo sistematizó como técnica terapéutica, a la que bautizó con el nombre de «intención paradójica».

La intención paradójica consiste justamente en aumentar aquello de los que nos pretendemos apartar. Por ejemplo, si deseamos liberarnos de la depresión, intentamos voluntariamente deprimirnos un poco más. Si lo hacemos bien, quizá descubrimos que en lugar de hundirnos más, esto nos lleva a flotar. Si tenemos miedo tratamos de aumentar el temor, hasta que le vemos la cara y lo manejamos. Si nos sudan las manos, nos damos mensajes para que suden más, pues es justo lo que hará posible que suden menos. No obstante, estos ejemplos pretenden sólo aportar luz conceptual. Hay que tomarlos con cuidado, pues no debemos olvidar que cada caso es distinto y que un buen profesional dispone de la formación para transformar los conceptos en técnicas aplicables a cada persona.

Algo de esto aplicaba Séneca, que salía todas las mañanas a la vida pública con la incertidumbre de si sería aquel el día de su muerte, consciente como era de que su vida pendía de un hilo, del caprichoso ánimo de Nerón (como es sabido, al final fue obligado al suicidio con cicuta y corte de venas). ¿Cuál era su estratagema para soportarlo? Antes de salir dedicaba un rato a generar en su cabeza las peores fantasías acerca de lo que podía ocurrirle hasta que lograba familiarizarse con ellas, en una especie de autoinmunización. Trataba de ponerse en sintonía con todas las opciones posibles. Lo que luego pasara durante el día siempre le parecía mejor, pues internamente estaba libre, podía asentir a todas las opciones, principalmente la de morir y la de seguir viviendo. Decía: «Si consideras de antemano todo lo que puede pasar como si debiera pasar, se atenúa el choque de la desgracia».

Estamos mal cuando no nos sentimos libres, y no nos sentimos libres cuando nos oponemos a cualquier cosa que la vida nos trajo o que nos puede traer. Lo cual no es nada nuevo para la mayoría de las tradiciones de sabiduría, que concentran su mensaje de una manera soberanamente simple: «Abre tu corazón a cada instante». En esta misma dirección, en terapia Gestalt decimos que cambiar consiste en el proceso de ser y asumir lo que somos, y no en convertirnos en algo diferente. Pablo Neruda nos regaló esta frase como encabezamiento de su libro autobiográfico: «(...) Para nacer he nacido, para encerrar el paso de cuanto se aproxima, de cuanto a mi pecho golpea como un nuevo corazón tembloroso».

Algunos enfoques de ayuda centrados en la pragmática comunicativa, y en generar «desatascadores» para los problemas de comunicación, formulan que las soluciones que intentamos para encarar vivencias que nos resultan difíciles de asumir se acaban convirtiendo en las dificultades que deben ser removidas. Si podemos amar nuestro sudor ya no lo evitaremos para, paradójicamente, seguirlo fabricando. Si podemos amar nuestra inseguridad ya no seremos víctimas de tratar de pasar siempre por personas seguras, lo cual nos llevará con certeza a sentirnos inseguros. Recomiendo vivamente hacerse amigo del sistema nervioso autónomo que nos hace sentir y generar respuestas corporales que, a veces, quedan lejos de nuestra voluntad, pero que cuidan de nosotros según una inteligencia mayor. Hacerse amigo es el primer paso para sugerirle cambios.

En fin, las vivencias humanas están cargadas de paradojas y rehúyen ser encuadradas en lógicas cartesianas, pero podría decirse que en el fondo sufrimos porque nos oponemos a alguna vivencia, a alguna realidad, a alguna persona. A ello apuntan las terapias que buscan soluciones. De la misma manera que Fritz Perls dijo que la terapia, refiriéndose a la Gestalt, es algo demasiado beneficioso para restringirlo al tratamiento de los enfermos, también es bueno saber que las muchas terapias y enfoques centrados en la expansión amorosa y el crecimiento interior suelen procurar un efecto profiláctico adicional. Preparan para una vida más ligera y gozosa. Entrenan para los momentos difíciles. Enseñan que podemos sentirnos cómodos en nuestra piel, en aquello que somos, tal como sea. Que podemos confiar en nuestros recursos y competencias en cualquier contexto que nos toque lidiar. Que podemos, en definitiva, apropiarnos de nuestras experiencias y de nuestra verdad interior en lugar de apoyarnos en ideologías y dogmas, por muy brillantes o razonables que parezcan.

TRANSFORMAR NOES EN SÍES

En el plano del Alma Gregaria y de la voluntad personal tratamos de gestionar nuestras preferencias con el mejor criterio posible. No obstante, en la Gran Alma escalamos a otra dimensión, en la que intuimos las verdaderas soluciones. En ella, la ayuda sustancial que podemos brindarnos a nosotros mismos o a los demás consiste en colaborar en el proceso de «transformar noes en síes», en el marco de nuestra compleja arquitectura existencial. En mi opinión, muchas psicoterapias generan procesos para que las personas transiten de los noes a los síes y logren integrar sus asuntos, ya que detrás de cualquier problema, síntoma o dificultad seria siempre podemos encontrar la conexión del problema con lo que rechazamos. De alguna manera, aunque suene un tanto extraña para la lógica común, podríamos decir que el problema intenta ocultamente amar aquello rechazado cuando no logramos amarlo abiertamente. Intenta hacerle un lugar a lo apartado. Los síntomas y desarreglos son intentos desesperados de decir sí a aquello a lo que decimos que no.

A menudo la solución pasa por desarrollar un sí de aceptación (o sea, una expansión consciente del corazón) para que lo problemático pueda retirarse. Tanto da, en este sentido, que se trate de ayuda terapéutica profesional, sea cual sea el método o abordaje utilizado o de ayuda espiritual, o incluso de la simple ayuda entre personas vibrantes de humanidad. En este nivel de la Gran Alma ya no se trata de danzar con nuestras elecciones y posiciones, sino de danzar con las elecciones de la vida, con la rueda de la fortuna. En este espacio tocamos el misterio. En este plano sopla el espíritu que afirma todas las formas que crea y nos invita a subordinarnos a ellas. Aquí la ayuda va más allá de la voluntad personal y enfrenta la voluntad de la vida. En la Gran Alma el único recurso que acaba siendo válido es el sí, la aceptación de que nos guía algo más grande.

Encontramos por ejemplo, que ciertas enfermedades del cuerpo guardan conexión con personas rechazadas, como si la enfermedad fuera un intento extraño de darles un lugar. Un caso común es el de mujeres que eligieron el camino del aborto de un hijo y lo procesaron mediante tramitación ideológica, que no emocional, escindiéndose de las sutilezas del Alma. Es comprensible que tratemos de gestionarlo de una forma expeditiva debido justamente a que se trata de un reto interior de largo alcance, porque en lo profundo nos confronta con las fuerzas de la creación y el sentido de lo sagrado. Vemos que algunos padres que abortaron a un hijo tratan de sintonizar con el niño que fue abortado y liberar ocultamente sus culpas u otros sentimientos. Cuando hacen una gestión del asunto un tanto expeditiva, sin detenerse en los recovecos emocionales del alma, puede ocurrir que lo hagan a través de enfermedades. Pero, ¿cuál sería la gestión adecuada en el Alma? Enfrentar y asentir a esta realidad. Asumir la elección de interponerse con el proceso de la vida y darle un lugar en el corazón al niño abortado, agradeciéndole su sacrificio, y llevar la desazón, el dolor y los pesos interiores con dignidad durante un tiempo.

Otra dinámica muy común es tratar de expiar las culpas que experimentamos pero que tratamos de negar, por ejemplo en el caso de una separación hiriente, imponiéndonos de manera oculta una especie de castigo compensatorio, quizás el dificultarnos en el futuro una buena relación de pareja.

Encontramos otras veces que ciertas emociones intensas, que forman parte de nuestra experiencia pero que no logramos vivir abiertamente y hacerles espacio, se abren camino a través de los síntomas, de lo bizarro o lo grotesco. Así, un duelo no expresado puede transformase en ideas suicidas. Una rabia o enfado no asumido en una parálisis profesional o en una depresión o en una enfermedad. Sueños, deseos y anhelos que reprimimos se manifiestan en obsesiones, manías, etc. Algunos miedos que nos visitaron y no supimos manejar nos convierten en centinelas sin descanso, que pretenden controlar lo incontrolable, restringiendo nuestra vida a un pequeño y empobrecido cuadrilátero. Ciertas enfermedades mentales traslucen invisibles intentos desesperados de amar a las víctimas o a los asesinos de una familia o de una tribu (religiosa, cultural, política, etc.), o a los parias y rechazados de una familia o de un grupo.

AMAR LOS PROBLEMAS

Aunque, a primera vista, pueda parecer ilógico, en verdad los problemas merecen ser amados también, sobre todo porque ellos *aman*. Y esta simple idea traza una línea divisoria en las filas de los ayudadores profesionales. Por un lado están los que atacan los problemas con mentalidad de cirujano, aliándose con la pequeña voluntad del sufriente que pretende liberarse legítimamente de ellos, y poniéndose en complicidad con la actitud de rechazo que hay en su trasfondo. Por otro lado están los que acarician los problemas, los aman y los respetan, incluso aunque la persona que los sufre no pueda hacerlo. Estos tienen una mentalidad más homeopática e inclusiva, y se preguntan de qué amor no permitido emerge lo problemático y cómo restaurarlo abiertamente. Pretenden que los padecimientos se retiren amablemente cuando es posible y adecuado. Los unos actúan como guerreros feroces enfrentados al gran enemigo, los otros como contemplativos en la gran asamblea del corazón. Los primeros son egológicos, los segundos ecológicos.

Me gusta decir, en los grupos formativos de terapia Gestalt o de Constelaciones Familiares, que la primera regla de la buena ayuda consiste en apreciar y respetar los problemas y los sufrimientos de las personas. ¿Por qué? Porque quiénes los sufren no logran hacerlo. Mi opinión es que quien se indigna con lo problemático pierde su fuerza para ayudar porque omite el respeto esencial al espíritu creador, porque pierde la guía de algo más grande: la de la realidad manifestada. En verdad me parece que una tarea sustancial del ayudador consiste en apreciar silenciosamente aquello que su ayudado no puede valorar: a sus padres, por ejemplo, o a su enfermedad o a su duelo o a su vergüenza o a su pareja o a sus sentimientos o a su cuerpo... Entonces, desde este lugar, se puede trabajar.

Por lo tanto, la pregunta que el ayudador se hace es muy simple: ¿Qué o quién debe ser amado o integrado para que la persona no tenga que sufrir en balde? En el fondo, todo sufrimiento es oposición. Al lado de los síntomas, de los transtornos, de los pesares, encontramos en todos los casos algo o alguien que sentimos que no merece nuestra aceptación y cariño, algo que experimentamos como que no debería de ser, o como malo. Todo sufrimiento es un déficit de amor hacia lo que es. Todo sufrimiento es un intento fallido de expulsar algo o alguien de nuestro corazón.

La terapia, y la ayuda en general, se orientan con unos objetivos precisos. El primero, apreciar lo que no apreciamos, integrar lo rechazado, dar un buen lugar a aquello con lo que estamos peleados, amar lo real en cada uno, especialmente los hechos y las vivencias que tenemos de los mismos. Para ello podemos tomar varios caminos:

Abrir los sentimientos

Exponernos a procesos emocionales que tocan y encaran toda la gama de sentimientos que albergamos en nuestro interior, pero especialmente el dolor, para llevarlo de las posiciones de protección hacia una nueva apertura y acercamiento al amor.

Generar significados útiles

Un segundo ingrediente importante de la ayuda consiste en construir interpretaciones útiles y favorables de la realidad, atribuir a los hechos y vivencias significados que abran caminos y siembren recursos en lugar de estancamiento y amargura. De algún modo, todo puede tener una lectura útil o encontrar el contexto adecuado. Una gran resignificación muy útil en el mundo de la ayuda es entender y aceptar que los problemas no vienen de la maldad o de la estupidez, sino de intentos a veces desesperados de seguir amando, ya que en lo profundo nos gobierna el amor y la fuerza de nuestros vínculos.

Sembrar experiencias y desarrollar aprendizajes

Un tercer elemento clave consiste en generar experiencias y relaciones, modos de comunicación, pautas y realidades que nos permitan desarrollar recursos y sentirnos competentes y adecuados para lo que nos toca vivir. En este sentido, hay que sembrar aprendizajes y desarrollar capacidades.

Intuir la trascendencia

En un último sentido existencial, la ayuda acompaña para encarar el misterio y el sentido último, extiende esperanza para sobrellevar nuestra insignificancia esencial. Confronta con el límite.

LA ACTITUD DEL AYUDADOR EN SINTONÍA
CON LA GRAN ALMA

Toda ayuda que se encuadra en un paradigma de justos e injustos, o que perpetúa la mirada de los buenos y de los malos es una ayuda que prolonga el sufrimiento inevitablemente. Miremos, si no, el mundo. ¿En algún lugar, donde hubo vencedores y vencidos, justos e injustos, dignos e indignos, vitoreados y lapidados, se produjo un verdadero crecimiento?

Esto no quiere decir, claro, que no nos defendemos de los criminales, de los malhechores, de los peligrosos. Pero, ¿es necesario que nos sintamos mejores que ellos? ¿No es arrogancia y maltrato interpersonal sentirse mejor o más justo que los demás? Podemos preguntarnos si aplicar la regla comparativa sobre las personas como instrumento rector de nuestra vida conduce al bienestar o al malestar.

El ayudador no toma partido. Se retira a un centro vacío, como decía Fritz Perls, sin intenciones y sin miedo, como añade Bert Hellinger. ¿Cómo es posible esta actitud? A través del acceso a mayores cotas de nuestra verdad interior, a través de la meditación y la purificación. Cayendo en el centro del Ser y no en el centro del yo. Estando en contacto con la Gran Alma y no únicamente con el Alma Gregaria. Más allá de la conciencia personal y de nuestras imágenes personales sobre el bien y el mal. En el gran silencio. Ahí donde todo puede ser honrado y dignificado espontáneamente.

Es muy común que ayudadores de personas consideradas como víctimas se enojen con los victimarios, incluso que deseen su mal, que se muestren indignados y quieran dañarles. Sin embargo, señalar a los malos como malos y crucificarlos en nuestro tribunal interior sólo los hace más malos. No en balde Jesús dijo «ama a tus enemigos». ¿Por qué? Para vivir en paz, para que la paz sea posible. Para que aquellos que parecen nuestros enemigos queden desnudos, íntegros e iguales con nuestra buena mirada.

Los ayudadores deben evitar escorarse hacia posiciones de salvadores, de perseguidores o de víctimas, de justos e injustos, ya que todos ellos configuran los vértices mínimos del mapa del sufrimiento. Me parece que es útil estar vigilantes para no participar en estos juegos y poder desarrollar una ayuda que se distancie de la máquina devoradora del bien y del mal. ¿No será que el gran mal es en realidad una cultura escindida e infantil? Se dice que nos hace humanos nuestra capacidad para distinguir el bien del mal, pero yo más bien creo que nos hace plenamente humanos la renuncia consciente a esta división tan estrecha y elemental. Creo que el corazón humano es espontáneamente dulce y amable, al igual que nuestras supuestas cavernas freudianas de instintos agresivos y competitivos pueden ser canalizadas al servicio de la vida. Lo esencial humano se asienta en el Ser.

Por ejemplo, tomemos un clásico, que afecta al espinoso tema de lo que los medios de comunicación y la política han dado en llamar «violencia de género». Como con tantos otros temas, se quedan tan ufanos cuando han localizado a los buenos y a los malos de un asunto, a los perpetradores y a las víctimas. Unos merecen el cielo y los otros los infiernos. ¿No es demasiado elemental? Es obvio que el respeto, el compromiso y la libertad entre las personas es un mundo ideal, y también está claro que quién es agredido o amenazado debe retirarse y debe ser protegido. Por otro lado, a veces me pregunto si son más peligrosos los que se creen tan justos o los que asumen sus pecados. Las cruzadas de los justos, de los que creían tener tanta razón, siempre trajeron más violencia. También me parece impúdico que algunos medios traten como si fueran buitres carroñeros ciertos temas de la intimidad de las personas, sus pasiones, amores, sexualidades, paternidades, maternidades, buenas o malas querencias, violencias, etc. Me parece violento, lesivo para el alma. Podemos preguntarnos: «¿Acaso esta popularización y exhibición contable de los lamentables asesinatos de mujeres en manos de hombres ha hecho aminorarlos?» Al contrario. Actúan como modelos en el espacio mental del público. Apuesto a que sí ayudaría a disminuirlos el hecho de que no tuvieran tanta sonoridad mediática y que bastara con que fueran humildemente llorados.

Pero, sin ir a los extremos, tomemos el caso de una mujer que se siente maltratada psicológicamente por su esposo. Pide ayuda y toma terapia debido a su miserable y peligrosa situación. No tarda en convencer al terapeuta de que el marido es un monstruo irredento, tiránico, enfermo y sin sentimientos, que se debería curar y que no percibe lo mucho que ella hace para que él esté bien. A medida que explica los maltratos terribles y vejatorios, el terapeuta, bondadoso y sensible, empieza a enfadarse con el marido malo y trabaja incansable para que la mujer se separe y logre su autonomía. Pero, a veces, ocurre algo extraño. Cuanto más insiste el terapeuta en que la mujer debe dejar al marido, más se muestra ella renuente, arguyendo que tal vez, al fin, él puede cambiar. Después de mucho insistir, el terapeuta empieza a sentirse frustrado porque la paciente no abandona al marido y no comprende cómo puede seguir con alguien tan maligno y destructivo. Lentamente el terapeuta empieza a enfadarse con la mujer porque siente que ha fracasado en sus intentos de salvarla y también empieza a sentirse víctima de ella y de su tozudez. Un día regresa la mujer a su casa con el marido y le dice que empieza a pensar que el terapeuta no la entiende ya, a lo que el marido contesta: «Ya te dije que esto no servía para nada, que este terapeuta no era bueno para ti. Mejor líbrate de él». Ahora es el marido el que quiere salvar a la mujer del terapeuta, a quién se le va viendo como el malo.

Quizá este ejemplo resulte una excesiva simplificación del asunto pero lleva algo de real. Lo que vemos es que los tres protagonistas se van repartiendo los roles de víctima, salvador y perseguidor. Un autor llamado Hartman, en el contexto del Análisis Transaccional, los definió como los tres vértices del triángulo del drama, triángulo que nutre el malestar entre las personas.

Por lo demás, no debemos olvidar que la mayoría de realidades humanas son co-construidas por sus miembros. Al menos así es cuando las personas conservan la libertad para elegir su camino y tomar la responsabilidad de su vida. Resulta más beneficioso ayudar a las personas a construir formas de relación que les nutran que dictaminar quién tiene la razón y quién falla.

La buena ayuda no juzga, ni evalúa, acoge a todo y a todos. El buen ayudador, por un lado, se sabe muy imperfecto, no está libre de máculas, de pesos en el Alma, es humano. Por suerte. Por otro lado, en la medida en que le es posible, se retira a un lugar interior en el que lo conceptual entra levemente en suspenso. Entra en sintonía con la Gran Alma.

GEOMETRÍA DE LA AYUDA

La ayuda se concreta siempre en el marco de una relación. Una elemental distinción entre modelos de relación la podemos pensar entre modelos verticales y modelos horizontales. En general, es fácil atribuirle al ayudador psicológico una posición más alta, como la de alguien que tiene y ofrece, y al ayudado la posición complementaria más baja, como la de alguien que necesita y recibe. Sin embargo, si uno va a buscar la ayuda de un abogado o un arquitecto no se siente por debajo, sino como un contratante en un plano de igualdad y de intercambio equilibrado. El profesional prestará sus servicios y estos se le pagarán. De este modo queda zanjada la relación y ambos se sienten libres.

En mi opinión este sería el modelo ideal también en las relaciones de ayuda, un modelo horizontal, de igualdad básica y de intercambio equilibrado que deja a ambos, ayudador y ayudado, libres. Sin embargo, en un modelo de ayuda de cariz psicológico interviene con fuerza el tráfico de los afectos y de las posiciones afectivas aprendidas, y el recuerdo tanto consciente en la memoria como inconsciente en el cuerpo de sus asuntos afectivos con los padres o en sus familias, y de sus preferencias relacionales. Esto afecta a ambos por igual, terapeuta y cliente, ayudador y ayudado. Técnicamente algunos lo llaman transferencia y contratransferencia; otros pautas de relación terapéutica. Sea como sea, ambos llevan por tanto a su vínculo de ayuda sus estilos de estar en relación, en consonancia con su Alma Gregaria de origen, configurando un campo abonado para los enredos y juegos interpersonales o, a la inversa, para la ganancia común y el desarrollo mutuo. Por eso es crucial la atención y el cuidado de las relaciones de ayuda, para que ambos se mantengan en su propia fuerza y resulte algo bueno y útil.

La ayuda vertical es aquella que va de arriba hacia abajo y toma como modelo de referencia la relación entre padres e hijos o entre maestros y alumnos. En ella el ayudador toma el rol de grande y el ayudado el de pequeño. Por ejemplo, los padres son grandes: guían, dan la vida y cuidados, su educación, sus modelos y sus valores. A su manera tratan de dar lo mejor, tal como son. Los hijos lo reciben exactamente como viene, a su manera y según su predisposición. Ellos son pequeños. Se trata de la modalidad de ayuda donde uno es mayor que el otro, donde uno guía, lleva de la mano, enseña, educa, cría, cuida, mantiene con vida. Es grande, o toma la posición de grande. El otro se deleita en tomar esta ayuda necesaria e imprescindible y crecer con ella. Es pequeño o toma la posición de pequeño. El primero se complace en dar lo que tiene, en sentirse eslabón de la cadena del intercambio, en cumplir con la reciprocidad de entregar lo recibido, y se colma y se compensa al sentir la alegría y el desarrollo de quien recibe. De este modo lo experimentan los padres ante sus hijos en una suerte de generosidad que suele fluir abundante y espontánea.

La ayuda es necesaria para crecer y desarrollarse. Es la base de la vida y de la convivencia. En esta modalidad se trata de la ayuda feliz que recibe un niño de su madre en cada comida, en cada caricia, en cada vestido. Es la ayuda confiada que recibe cada niño de su padre en cada palabra, en cada muestra de afecto, en cada horizonte esbozado. Esta modalidad se dibuja como algo jerárquico y se funda en la desigualdad de rango, de madurez, de necesidad y de posibilidad de dar y recibir. Sin esta ayuda los niños o personas dependientes morirían o no se desarrollarían como personas gozosas de vivir.

El tipo de ayuda horizontal es entre iguales, entre adultos. El fundamento de esta modalidad de ayuda ya no es el cuidado necesario o el dar algo que es imprescindible para el otro y que define la desigualdad, como en el modelo anterior. Ahora la herramienta principal de la ayuda es el respeto, el acompañamiento, la mirada completa y amorosa hacia la realidad del otro tal como es, sin la pretensión de cambiarla. En esta ayuda nos ponemos al lado y caminamos juntos, cada uno con la realidad que experimenta, con las vicisitudes que atraviesa. Aquí no hay superior ni inferior. Aquí ambos somos adultos, responsables, competentes con nuestra vida, iguales en rango, iguales como seres humanos, aunque quizá profundamente diferentes en cuanto a orígenes, deseos, educación, hábitos, condicionamientos, cultura, valores, conductas, etc. También diferentes en nuestro rol (uno terapeuta, el otro cliente) durante un rato.

El modelo de referencia para la ayuda horizontal se formula mejor pensando en la relación de pareja o entre socios, por ejemplo. En esta modalidad, toda pretensión de ayudar que busque que el otro sea diferente le hiere, toda determinación de encauzarlo y dirigirlo lo lastima, porque lo coloca como pequeño cuando es un igual, y lastima al mismo tiempo a quien trata de hacerlo porque se coloca como grande siendo un igual. Toda pretensión de ser ayudado que apunte a que el otro se comporte como un padre o una madre hiere a ambos, porque confunde la realidad de que ambos son adultos, porque empequeñece a uno y engrandece a otro, y este es terreno abonado para los juegos psicológicos y el malestar entre las personas.

En esta modalidad de ayuda se exige por tanto un respeto extremo. En primer lugar a la vida del otro tal como es, apreciándola y soportándola incluso cuando está sufriendo o ha sufrido vivencias o pérdidas terribles; y en segundo lugar a la Vida, también por ser como es, en toda su amplitud de formas, ya sean dulces o amargas. En esta ayuda se exige de uno mismo que sea adulto y se respete y se exige del otro que sea adulto y que también se respete, y que ambos renuncien a posiciones infantiles y luchas de poder. Ahora se trata de que cada uno se haga cargo de sí mismo y tome su responsabilidad. No hay otra. Esta es la ayuda fértil en todas las situaciones en que no se trate de personas radicalmente dependientes: menores y enfermos.

En esta ayuda las personas ganan profundidad y salen fortalecidas, y se sienten dueñas de su vida y de su realidad por muy difícil que pueda parecer en un momento dado. En este tipo de ayuda el amor se manifiesta como amor a lo real del otro, no a lo que debería ser, o a lo que podría ser, o a lo que mereceríamos que fuera, o desearíamos, etc. Se ayuda al otro respetando y amando incluso su desdicha, su camino único y personal. Este modelo de ayuda se perfila, insisto, como más parecido a la relación de pareja o de colaboradores, en el que ambos son iguales en rango aunque sean diferentes en género, procedencia y muchas otras cosas.

Tanto el primer tipo de ayuda como el segundo son espirituales en el sentido de que el primero viene marcado por los requerimientos de la transmisión de la vida, y el segundo por los del desarrollo de la misma. Estos dos tipos de ayuda se refieren a la posición de las personas. El primero se funda en la desigualdad y la asimetría. El segundo en la igualdad y la simetría. Ambos tipos de ayuda son importantes, cada uno en el contexto adecuado. El arte de ayudar consiste en saber estar en el lugar que nos toca a cada momento, en saber, en igual medida, ser padre y ser hijo, saber cuidar y ser cuidado, ser maestro y ser discípulo.

RECIBIR AYUDA

Para quien sabe recibirla, la ayuda está en todas partes. Flota en la atmósfera, por decirlo de algún modo. Para quién sabe verlo todo es bendición, una oportunidad de encontrar luz y nuevas perspectivas, una oportunidad para cambiar, para encontrar respuestas y acercarse más y más al centro de su ser. Encontramos la ayuda en una palabra, en un mensaje, en un sueño, en una mirada, en un roce, en un intercambio, en un color, en una relación, en el azar de un encuentro, en una conversación, en una imagen o poema o canción, en un libro, en un abrazo, en un árbol. Para ello debemos cuidar nuestra sensibilidad, afinar nuestros sentidos, despenalizar nuestra capacidad de ver y oír y oler y tocar y saborear y sentir. Y fiarnos a la hora de intuir con el corazón y de reconocer las sensaciones y señales del cuerpo.

De hecho, la ayuda se encuentra en el modo y lugar más inesperado, a menudo agazapada, esperando el momento de abalanzarse sobre nosotros para que le demos, por fin, la bienvenida. Otras veces se muestra caprichosa y tiene sus acrobacias, sus misterios, sus susurros y sus laberintos, y parece que juega al escondite con nosotros, para que desmadejemos y estiremos de su hilo. Como habitualmente llega por el camino que no habríamos sospechado, se revela distinta a como hubiéramos imaginado o deseado. Abre las cerraduras de lo nuevo o lo desconocido. Nos sorprende, a menudo. Nos obliga a arriesgar.

Veamos algunas recomendaciones a la hora de recibir ayuda:

Abrirse a lo desconocido

El principal problema a la hora de recibir ayuda consiste en empeñarnos en que venga del modo que tenemos previsto (y únicamente en este modo). Es decir, esperamos que corresponda a nuestra visión de cómo tendrían que ser las cosas y, si es posible, que confirme nuestro punto de vista y nuestra posición en el mundo. Por tanto, lo que se opone a la ayuda es nuestro empecinamiento en confirmar nuestras hipótesis, lo cual configura un escenario en el que decimos: «No daré mi brazo a torcer, lo quiero a mi manera». Es común, por ejemplo, que alguien golpee a la puerta y reclame una y otra vez, hasta el agotamiento, que la puerta se abra, incluso que lo grite ardientemente. Cuando al final la puerta se abre, es posible que la persona quede levemente aturdida y que de su boca salga una frase susurrante: «A mí lo que me gustaba era golpear la puerta, no entrar donde me lleva».

Así que recibir ayuda tiene mucho que ver con nuestra capacidad para abrirnos a lo desconocido, ya que desde nuestra forma de abordar el asunto nos solemos mantener en el problema. Depende en gran parte de nuestra capacidad de aceptar que la ayuda está en todas partes, en cualquier rincón del camino. Todo es bendición. La vida y la naturaleza de las cosas cantan sus bendiciones, y basta con abrirse a ello.

Sintonizar con la vulnerabilidad y la gratitud

Desde la carencia y la necesidad nos volvemos humildes para que lo externo nos entre, para permitir que se aloje en nosotros tal como viene. Es desde la fragilidad y la vulnerabilidad desde donde el corazón se abre y abraza lo que la vida le trae para su reposo y alimento, desde donde nos podemos respetar, y respetar lo que viene del otro, y tomarlo manteniendo nuestra autonomía. Eso se logra también con nuestra gratitud. En este plano, nuestro mantra continuo podría ser: yo agradezco, a mí, a ti, a la vida, por lo que es. En ese momento, lo que necesitábamos empieza a colmarse.

Soltar nuestras reclamaciones

Cuando no damos nuestro brazo a torcer se expresa una fuerza interior que reclama sus supuestos derechos y exige del mundo que responda a su lógica. Es natural que si creemos que nuestros males encontrarán remedio en más comprensión, comunicación, escucha, respeto o lo que sea lo busquemos. Puede que lo encontremos, pero es más común que no sea así. Quizás en lugar de estar donde pensábamos resulta que está en todas partes, o que cumple también su función al no darnos la razón. También es habitual que esté en el último lugar que desearíamos y, queriéndola, a veces la alejamos. En resumen, que quién la está esperando de un modo muy preciso se olvida de reconocerla cuando la tiene enfrente, y quién la exige con reclamaciones la ahuyenta. En cierto modo, ocurre como con la felicidad, que anda siempre desesperada corriendo detrás de nosotros para alcanzarnos, mientras nosotros corremos sudorosos hacia delante tratando de alcanzarla a ella.

Reconocer el sufrimiento real

Sin duda, la capacidad de recibir ayuda se puede entrenar en un proceso de ir abriéndonos a los latidos de nuestro corazón y a lo que el presente nos ofrece, pero suele ser más común que desarrollemos esta capacidad cuando no hay más remedio. Y esto se suele dar en el fondo de las crisis, en el sufrimiento. Quien sufre y se duele genuinamente se vuelve verdadero candidato a la ayuda, depone con facilidad su castillo y su lógica, y quizás logra soltar las amarras que lo mantienen en él. ¿Qué es un verdadero sufrimiento, un padecimiento real? Pues simplemente uno que está conectado con la realidad. El sufrimiento real que nos abre a la ayuda está conectado con lo externo, con hechos de nuestra vida, con los otros, con lo que podemos o no podemos en los contextos que vivimos. Por el contrario, el sufrimiento que refiere reflexiones y explicaciones internas sobre nosotros mismos es poca cosa y no va muy lejos. A menudo sólo es deporte psicologista con resultado negativo, nada más.

Una vez se me acercó para trabajar un hombre y dijo: «Mi problema es que yo tengo un refinado sistema de autoflagelación psicológica». Sin pensarlo le contesté: «Esto te da derecho a estar muy jodido», con el objetivo de confrontarle con el resultado de decirse frases como esta. Y a continuación pregunté: «¿Pero de qué se trata en realidad?». Me contó que era un cirujano que había perdido la confianza en sus acciones y que, presa de sus fantasías catastrofistas, tendría que dejar su trabajo. Contó además que era ruso y que había emigrado a un país sudamericano con su madre y con su padrastro, ya que su padre había sido fusilado por disidente en la antigua Unión Soviética. De la forma en que lo dijo pude ver, en su cuerpo y su mirada, que necesitaba algo crucial, que su pesar no trataba de complicaciones autopsicológicas (eso era sólo la *propaganda*), sino de algo esencial para su vida como su profesión y la integración de un duelo con el padre asesinado. Y eso fue lo que abordamos.

Confiar en el Ser

Es común que las personas cambiemos cuando no tenemos más opciones, especialmente cuando nuestro sufrimiento se vuelve más y más real. Esto sucede cuando nuestras apuestas en la vida fracasan, cuando los caminos para engrandecer el yo fallan, cuando la identidad creada se resquebraja, arrastrada por los reclamos del Ser que quedó aplastado y nos va exigiendo soltar y desnudar.

Alguien dijo que la felicidad empieza cuando ya no tenemos nada que defender ni que perder, y tampoco nada que ganar ni esperar. La frase «ya nada espero», que suena tan desesperada, puede ser el escalón que nos eleva a la dicha.

Claridad en el dar y el recibir

Por último, junto con la capacidad de recibir y la perentoriedad de un padecimiento real, es importante el reconocimiento de que necesitamos, queremos y deseamos recibir o encontrar algo, nuevas experiencias, indicadores o espacios, para seguir desarrollándonos y solucionar nuestras cuitas e insatisfacciones. Arder en el sufrimiento nos vuelve literalmente necesitados y abiertos para que algo nuevo nos pueda encontrar. Nos postula para recibir. De este modo, dadas estas condiciones, el ayudador puede actuar, sea un profesional o no, y ofrecer aquello que está en condiciones de dar, y no otra cosa, aquello que encaja con lo que el otro necesita, desea, quiere y puede recibir. Cuando estas condiciones se dan, el proceso de ayudar fluye con ligereza y dignidad. Y ambos quedan libres, y con el tiempo vinculados en el

recuerdo de lo que significó un recíproco enriqueci-
miento.

Dar ayuda y recibirla ayuda a ambos, en igual medida

Muchos, al final de un largo camino, comprenden
que la vida fue providencial, trayendo a cada momento,
a los que supieron estar atentos, aquello y aquellas personas que resultaron cruciales. Entienden por fin que la
vida se construye de roces, experiencias y encuentros
que nos hacen crecer.

PERTRECHOS PARA EL AYUDADOR

En un sentido radical lo único que nos sostiene a todos es el presente, el instante único, que se despliega eterno en una rueda constante. Es el sentido exclusivo de la vida, y en él todo puede ocurrir. En él, la vida es. Y sólo en él nos podemos amparar realmente. En un sentido absoluto sólo el ahora nos contiene, nos abarca y llena. Vivimos a merced de su creatividad. En un sentido ideal, el ayudador se sostiene en el ahora, en lo imprevisible que cada momento traza. Concuerda con ello. Se apoya en lo real que cada instante trae a la conciencia porque cada instante concentra el zumo imperecedero de la vida.

No obstante, en un sentido más relativo, el ayudador se sostiene poniéndose cada vez más en sintonía con los grandes poderes de la vida. Tomando a la sexualidad y a la muerte como sus aliadas. En la vivencia personal del ayudador, la sexualidad le retrotrae a su pasado, a su concepción y a su nacimiento. Con ello a sus padres y sus ancestros y al inicio de su propia biografía como ser separado y autónomo. En todo ello se apoya. Trabaja para lograr la sintonía con lo que ha vivido en su pasado, tanto el más lejano como el más reciente, para estar en conformidad con lo que fue. Trabaja también para extender esa conformidad hacia el futuro, aunque no sepa lo que depara. Y también hacia la muerte, y aún más allá de ella, con los ancestros reencontrados; y aún más allá de ellos, con la luz y la paz del espíritu resplandeciendo inalterable.

Con todo ello se pertrecha el ayudador y de este modo puede ayudar. Hay una visualización que te recomiendo como terapeuta. Consiste en colocar y sentir a tu izquierda, en un espacio extendido al lado de tu cuerpo, todo tu pasado y el pasado de tus ancestros y de tu tribu; el pasado más lejano lo percibes más lejos en el espacio a tu izquierda y el más cercano casi tocando tu hombro, como si fueran una larga ristra de fotos en una línea muy larga. A tu derecha, del mismo modo que antes con el pasado, colocas todo tu futuro imaginado, y el de tus descendientes, si los hay. Un poquito más atrás, casi de lado, rozando tu hombro izquierdo, coloca y siente las fuerzas de la vida, con la sexualidad a la cabeza, y por el otro lado, rozando tu hombro derecho, pon a la muerte esperando, segura de sí misma. Y finalmente, detrás y tocando tu espalda, sosteniendo, pon a tus padres, y a los padres de tus padres, y los padres de los padres de tus padres, y así sucesivamente en una especie de triángulo infinito. También puedes poner ahí a otros mentores, maestros y personas que han tenido una influencia positiva en tu vida. Y entonces, en el centro de tu pecho coloca el ahora, el instante preñado en sí mismo de eternidad, abarcándolo todo.

Ya tenemos al ayudador en la Gran Alma. Disponible como servidor. Mirando al otro.

LOS MENSAJES DE LAS TRADICIONES SOBRE LA AYUDA

Si tuviera que resumir las enseñanzas de las tradiciones espirituales y de sabiduría, que considero claves para orientarnos en el universo de la ayuda, destacaría tres que de muchas maneras han venido resonando a lo largo de este libro:

Celebra y alaba la vida

En lenguaje espiritual sería algo así como ríndete a la voluntad de Dios y a la conciencia mayor que todo lo abarca. Es decir, ríndete al gran sí de la existencia.

Eres conciencia

Lo habitual es que te identifiques con tu cuerpo, tus pensamientos y tus sentimientos, con el espacio y con el tiempo. Pero más allá de esto quizá seas la fuerza creadora y el ojo que todo lo mira, quizá te encuentres en la dulzura del Ser en sí mismo. De este modo, tus identificaciones perderán compulsión y te sentirás más luminoso, pues te reconocerás en la conciencia y no tanto en lo concienciado.

Vive el presente

Todas las tentaciones que te desvían de tu cielo interior tratan de desplazarte hacia el pasado o hacia el futuro. Pero ese cielo se encuentra en el presente estricto.

Todo esto debe unirse para entender lo esencial de la ayuda, los caminos de la dicha y nuestro estar bien. Pero de las llaves de la dicha y de lo que nos convierte en personas reales hablaremos con mayor detalle en un próximo trabajo.